VIVIR EN LA LUZ

SHAKTI GAWAIN
con LAUREL KING

Vivir en la luz

Una guía para la transformación personal y planetaria

Traducción:
MARÍA CAROLA DEGREEF

Planeta

Diseño de cubierta: Vanina Steiner
Diseño de interiores: Alejandro Ulloa

Título del original en inglés:
Living in the Light: A Guide to Personal and Planetary Transformation

Publicado mediante acuerdo con:
New World Library
ISBN del original en inglés: 0-931432-14-6

ISBN 950-742-293-5
Hecho el depósito que prevé la ley 11.723
Impreso en la Argentina

Al Universo

AGRADECIMIENTOS

Quiero agradecer a Laurel King por la ayuda que me brindó para crear este libro. Me ayudó en la conducción de talleres durante años y se familiarizó mucho con mi trabajo. Recogió y organizó gran cantidad de material a partir de las grabaciones de mis talleres, escribió gran parte de algunos capítulos y diseñó muchas de las meditaciones y ejercitaciones. Además, su espíritu brillante y su chispeante creatividad hicieron de la escritura de este libro un gran placer.

También quisiera expresar mi agradecimiento a mi editor, Kim Peterson, por sus valiosas sugerencias. Y agradezco a mis socios Marc Allen y Jon Bernoff por el apoyo que me brindaron. Marc pasó años tratando de convencerme de que escribiera este libro y me alegra que sus esfuerzos hayan obtenido por fin su recompensa.

Agradezco en especial a mi amigo Dean Patyk por su constante afecto y apoyo. También quisiera agradecer a mi familia y a mis maravillosos amigos, que participaron en mi crecimiento y en el proceso creativo que desembocó en la producción de este libro. También quiero agradecer a Michael Kayden por ser un amigo y un espejo muy importante para mí durante el proceso de escritura.

Y les agradezco mucho a ustedes, lectores, pacientes, estudiantes y amigos que me dan tanto amor y apoyo.

SUMARIO

INTRODUCCION

El comienzo de mi viaje

Siempre he sentido el enorme deseo de entender cómo funciona el universo, qué significa vivir y cuál es el sentido y el propósito de estar en el lugar en el que estoy. Si pienso en mi pasado, me doy cuenta de que dediqué toda mi vida a la búsqueda de la verdad y la comprensión.

Me crié en una familia muy intelectual, con una sólida formación académica y sin creencias religiosas. Mis padres eran ateos y recuerdo que, en mis primeros años, creía que la fe en Dios era un invento humano, una fantasía, una superstición creada para ayudar a la gente a superar las situaciones difíciles e inexplicables. A mi modo de ver, la existencia humana, o cualquier otra clase de existencia, era sólo un accidente de la naturaleza y no tenía un significado comprensible. Prefería admitir que no sabía cómo ni por qué llegábamos al mundo a adoptar cualquier explicación simplista sólo para tener una sensación de seguridad. Creía que la verdad era racional y que todo aquello que la ciencia no podía probar no existía. También me sentía algo condescendiente con aquellas personas que, por su debilidad, necesitaban inventarse un dios en el que creer.

Lo positivo de esa educación fue que no me inculcaron esa programación rígida y profundamente negativa sobre el pecado, el bien y el mal, el cielo y el infierno que la mayoría de la gente recibe en sus primeras enseñanzas religiosas. Además, tuve unos padres que me quisieron mucho y que, de algún modo, vieron en mí a un ser inteligente, brillante y pleno de energía. A pesar de que se divorciaron antes de que yo cumpliera dos años, me apoyaron mucho, en especial mi madre, con quien vivo en la actualidad.

Mi madre es una persona muy abierta y aventurera. No parece tener muchos de los miedos propios de las personas de su generación, por eso nunca me inculcó la idea de que el mundo era un lugar peligroso y aterrador. Le encanta explorar lugares nuevos y, cuando yo era niña, viajábamos mucho; recorrimos los Estados Unidos, las Antillas, México, Hawai y Europa. Nos mudábamos con frecuencia. Hasta los quince años, nunca viví en un mismo lugar durante más de dos o tres años seguidos. A mi madre también le gusta probar cosas nuevas y para mí siempre fue un ejemplo por su audacia y su espíritu pionero. Fue una de las primeras norteamericanas cultas de su generación en dar a luz por parto natural. Y yo, el primer bebé que su médico ayudó a nacer sin el uso de anestesia. Tuve el privilegio de tener un nacimiento muy afortunado.

En mi familia materna habían sido cuáqueros y nosotros seguíamos usando lo que ellos llaman "lenguaje sobrio" para hablar con mi abuela (por ejemplo, para los cuáqueros, tratar de "vos" en lugar de usar un pronombre moderno como "usted" o "tú" implica un reconocimiento hacia el dios que todos llevamos dentro). De ese modo, absorbí desde lo más profundo el hondo respeto por el espíritu y el interés por la humanidad que se entretejen en la trama de la religiosidad cuáquera.

A los trece años de edad, tuve una crisis emocional. Todo comenzó con el fracaso de mi primera aventura amorosa (con un "hombre mayor" de diecinueve años a quien yo consideraba absolutamente inigualable) y luego se fue acrecentando hasta convertirse en una profunda desesperanza existencial que perduró durante mucho tiempo. Miraba la vida con ojos penetrantes y me daba cuenta de que nada en ella tenía sentido. Veía que todas aquellas cosas que, se suponía, eran importantes en la vida, como tener una formación académica, triunfar, tener buenos contactos a nivel social o tener dinero eran en sí mismas cosas efímeras, huecas y sin sentido. Y, al parecer, no había nada que pudiera llenar ese vacío. Estaba deprimida y desilusionada y permanecí en ese estado durante varios años.

Al mirar atrás, veo que estaba atravesando un espacio por el que, tarde o temprano, todos debemos pasar: lo que los místicos llaman la rasgadura del velo de la ilusión. Es el momento en que reconocemos que nuestro mundo físico no constituye la realidad última y comenzamos a volcarnos hacia el interior de nosotros mismos para descubrir la verdadera naturaleza de la existencia. En momentos como ése, sentimos que estamos tocando fondo emocionalmente, pero cuando de verdad tocamos fondo, caemos como por una trampa a un mundo nuevo y brillante: el reino de la verdad espiritual. Sólo después de haber penetrado en la oscuridad se puede avanzar, a través de ella, hacia la luz.

Experiencias nuevas

En los años siguientes, empecé a tener nuevas experiencias y oportunidades, una conciencia cada vez mayor que no cabía en mi antiguo esquema racional.

Estudié psicología y me puse en contacto con grupos dedicados al entrenamiento de la sensibilidad y grupos de encuentro que no sólo me ayudaron a liberar aquel antiguo dolor emocional sino que, además, me impulsaron hacia nuevos sentimientos de amor, alegría y unión con los demás. Fumé marihuana y también probé el LSD, experiencias que me resultaron muy positivas para lograr nuevos niveles de conciencia y percepción. También estudié danzas y descubrí que al bailar me invadía un sentimiento de regocijo, como si una fuerza superior se hubiera apoderado de mí y me hiciera vibrar en cada movimiento con plena libertad.

Siempre me había interesado la filosofía oriental, por lo que empecé a leer libros sobre budismo e hinduismo. Hice yoga y meditación y fui advirtiendo que esas prácticas me ayudaban a concentrarme, a relajarme y a sentirme en armonía conmigo misma. Cuando terminé mis estudios universitarios, pasé dos años viajando por el mundo. Viví un tiempo en la India y allí adquirí un profundo conocimiento de la tradición mística oriental. Mis viajes constituyeron para mí una experiencia muy enriquecedora pues, con poco dinero y sin planes prefijados, vivía de acuerdo a lo que me dictaba la intuición. Me había ido con la idea de pasar unas vacaciones en Italia y terminé haciendo un viaje de dos años alrededor del mundo. Aprendí que podía vivir feliz con muy poco y viajar a lugares inexplorados.

La toma de conciencia

Cuando regresé a mi país, estaba fascinada con algo llamado "conciencia". No podía definir bien qué era eso pero sabía que quería más y que era lo único que me importaba. ¿Para qué dedicarme a hacer carrera en una profesión o a ganar dinero o buenos contactos sociales, si sabía que con tener más "conciencia" conseguiría automáticamente todas las demás cosas?

Me mudé a la bahía de San Francisco, región a la que consideraba el bastión de la búsqueda de la conciencia. Yo misma me lancé a esa búsqueda. Tomé clases y asistí a talleres, leí con avidez libros nuevos sobre el tema, practiqué meditación y me mantuve siempre en contacto con personas que atravesaban por el mismo proceso que yo. Luego de leer la obra de Ken Keyes *Handbook To Higher Consciousness* (Guía de la conciencia superior), fui a vivir al centro que él dirige en Berkeley. Allí trabajamos en el perfeccionamiento de nuestra conciencia en forma intensiva, día y noche durante un año. Después de esa experiencia, seguí viviendo varios años en comunidad con otras personas que también participaban en un proceso intensivo de crecimiento personal. Durante ese tiempo, trabajé en todo lo que pude para ganarme la vida (en el servicio doméstico, en oficinas, de todo un poco) y así poder dedicarme a mi verdadero trabajo, el trabajo interior.

Hace diez años de todo eso y, desde entonces, me he dedicado de lleno a mi crecimiento y evolución como ser consciente. A pesar de que quería lograr muchas cosas, me di cuenta de que todo lo que deseaba vendría a mí si aprendía a vivir en libertad y con plenitud de acuerdo a los verdaderos principios del universo. Por eso, volqué toda mi pasión en el viaje hacia la luz.

Mi nombre

La gente siempre me hace preguntas sobre mi nombre, por eso pensé en contarles algo acerca de él.

Cuando estuve en la India, me fascinó la religión

hindú y empecé a estudiarla. Como no había recibido una educación cristiana, no me interesaba mucho el cristianismo. Me gustaban algunas ideas del budismo pero, en general, me parecía una religión demasiado intelectual. Los mitos, los símbolos y las deidades del hinduismo, en cambio, me conmovían más y ocupaban un lugar más profundo en mi alma. Es una religión muy compleja y ni siquiera pretendo entenderla pero pude captar algunas cosas.

En la religión hindú, existe una trinidad compuesta por tres deidades principales que simbolizan los tres aspectos de la vida. Brahma es el creador; Visnu, el protector, y Siva, el destructor. Siva representa el cambio constante del universo, el fluir de la vida, el hecho de que todo debe destruirse constantemente para luego poder renacer. Nos recuerda que debemos soltar todo el tiempo todo aquello a lo que nos apegamos para poder fluir con el movimiento de la vida. Muchos de sus fervientes devotos abandonan su hogar y sus bienes materiales y se entregan, libres y errantes, a confiar en la energía del universo y a seguirla. A Siva también se lo conoce como el dios de la danza, y sostienen que es su danza la que provoca el movimiento del universo. Se lo describe como un hombre muy atractivo y poderoso, de cabellos largos y ondulados (se dice que su cabellera es el río sagrado Ganges). Sentí por él una atracción irresistible.

Sakti es el aspecto femenino de Siva*. La palabra "sakti" significa "energía", la energía de la que está hecho todo cuanto compone el universo. Es la energía de la vida, la fuerza de la vida que atraviesa nuestros cuerpos. También significa "energía femenina". En la práctica hindú del Tantra, existen técnicas para la iluminación a través de la canalización de la energía sexual. En esta práctica, al hombre se lo llama Siva y a la mujer, Sakti.

* N. del T.: En los nombres Visnu, Siva y Sakti, la "s" se pronuncia como la "sh" del inglés.

Cuando volví de la India, conocí a mi amigo Marc Allen, con quien viví varios años. El creía que mi anterior nombre no me quedaba bien y, como sabía que yo estaba "enamorada" de Siva, empezó a llamarme Sakti. Me gustó y empecé a usarlo.

En ese momento, no creo que tuviera conciencia de lo poderoso que era ese nombre, pero ahora sí que me doy cuenta de ello. Creo que la vibración del nombre me está ayudando a surgir en la plenitud de mi poder.

Gawain es mi apellido real. Es igual al de Sir Gawain, el caballero de las leyendas del rey Arturo. De acuerdo a una definición que encontré en un diccionario, significa "halcón de batalla" que, a mi juicio, es una hermosa imagen. Para mí, Sakti representa mi aspecto femenino y Gawain, mi aspecto masculino.

Visualización creativa

Uno de los primeros talleres en los que participé fue el del Método Silva de Control Mental. En esa época, todavía era algo escéptica con respecto a esa clase de cosas y quizá nunca hubiese ido de no ser porque mi madre había asistido al curso y me lo había recomendado con gran entusiasmo. Nunca me voy a olvidar de su descripción de una técnica en la que uno imagina algo que desea que ocurra y así logra que eso realmente suceda. Mi mente dudaba de todo eso pero mi corazón dio un salto y recuerdo haber pensado: "Desde que era una niña, siempre supe que existía la magia, que de algún modo y en algún lugar la magia existía de verdad. Esto es lo más parecido a la magia que jamás haya oído".

Hice el curso y quedé maravillada. Empezábamos de a poco con técnicas simples, accesibles para cualquiera y fáciles de practicar y gradualmente íbamos avanzando hacia procesos más inexplicables pero a la vez más poderosos. Al cabo de cinco días, tuve una experiencia psíquica muy intensa en la que, durante varias horas, pude captar con claridad cierta información muy específica a la que no podría haber tenido acceso sino a través de la intuición. Esa experiencia hizo que se fueran disolviendo mis antiguos límites sobre lo que creía posible.

La técnica más importante que aprendí en ese curso fue la técnica básica de la visualización creativa. Dicha técnica consiste en relajarse profundamente para luego visualizar una meta muy deseada en la forma exacta en que uno quiere que suceda. Comencé a practicar esa técnica y advertí que era muy efectiva. A menudo, aquello que visualizaba se hacía realidad de un modo inesperado. Me fascinaron las posibilidades que ofrecía esa técnica y asistí a más clases y talleres sobre temas similares. Empecé a aplicar técnicas de visualización creativa en mi vida diaria y a enseñarlas a mis amigos. Leí el libro de Seth, *The Nature of Personal Reality* (La naturaleza de la realidad personal), escrito por Jane Roberts, y me influyó mucho la idea de que todos somos capaces de crear nuestra propia realidad. Muy pronto comencé a conducir talleres y a otorgar asesoramiento privado y, finalmente, escribí el libro *Visualización creativa*.

Cuando pensé en escribir el libro, sólo me proponía volcar en el papel todas las ideas y técnicas en forma completa. Pensé que el resultado iba a ser un cuadernillo que repartiría entre mis amigos y que quizá vendería a mis clientes y a alguna persona más que estuviese interesada. Mientras escribía, me invadía la duda y me preguntaba: "¿Quién soy yo para escribir un libro como éste? No soy especialista en el tema". Sin embargo, surgía de mi interior una fuerza que me incitaba a seguir escribiendo, y así lo hice. También para escribir el libro puse en práctica técnicas de visualización creativa. Le pedí a un amigo que diseñara la cubierta. Cuando estuvo lista, la colgué en la pared e imaginé que el libro ya estaba terminado. Luego de esa preparación, lo escribí casi sin esfuerzo (excepto por mis constantes dudas) y descubrí que, casi sin darme cuenta, mis escritos se habían transformado en un libro real, que publiqué junto con unos amigos.

En ese momento, todavía no llegaba a comprender que el libro llegaba a mí canalizado por una fuerza superior que llevaba dentro. Tenía dudas y miedos en el terreno de la personalidad pero el compromiso que tenía conmigo misma me impulsaba a seguir adelante y a dejarme guiar por la energía creativa. Si el universo pudo utilizarme como canal, fue gracias a mi habilidad innata para escribir y pensar con claridad, a mi gran interés por las ideas que quería expresar, a mi amplia experiencia en el tema y a que estaba dispuesta a correr ciertos riesgos.

El proceso de publicación se desarrolló en forma similar. Ni mis amigos, Marc Allen y Jon Bernoff, ni yo sabíamos mucho sobre la industria editorial y no teníamos nada de dinero, pero queríamos crear nuestros propios libros y nuestra propia música. Por la gran confianza que teníamos en nuestros sentimientos, decidimos correr el riesgo de dejarnos guiar por ellos y así fue como, paso a paso, nos fueron indicando lo que debíamos hacer. Cometimos muchos errores (sobre todo en los momentos en que no escuchamos a nuestra guía interior) y algunos de ellos nos costaron muy caro y nos causaron dolor, pero tras muchos milagros hoy tenemos una editorial muy próspera (Whatever Publishing, Inc.) y una compañía grabadora (Rising Sun Records).

Visualización creativa fue un libro de una repercusión muchísimo mayor de lo que pudiera haberme imaginado aun en el más fantasioso de los sueños. A pesar de que no hicimos una gran campaña publicitaria ni una amplia comercialización, los comentarios sobre el libro corrieron de boca en boca y, en el momento en que escribo estas líneas, la obra lleva cerca de medio millón de ejemplares vendidos y se ha traducido a varias lenguas. Recibo muchas cartas y llamados de gente de todo el mundo que me dice que el libro les ha cambiado la vida. Debo decir que todo eso es muy gratificante, en especial porque veo que se trata del poder superior del universo puesto en acción. Soy como una madre orgullosa de su hijo; lo veo cumplir su tarea y prosperar en el mundo y sé que es mío y que, al mismo tiempo, no me pertenece del todo. Surgió de mí y lo ayudé a formarse, pero es un ser autónomo, con su propio destino y su propia conexión con la fuente creadora.

Entregarse al universo

Cuando descubrí las técnicas de visualización creativa y supe que daban resultado, me entusiasmé mucho porque sentí que, a través de ellas, podría crear todo lo que quisiera tener en la vida. ¡Iba a lograr todo lo que quisiera!

Ese descubrimiento significó para mí un gran paso adelante, pues logró arrancarme de la actitud de impotencia que tenía hasta ese momento, es decir la actitud de creer que la vida es algo que nos ocurre y que debemos contentarnos con lo que nos toca vivir. De ese modo, estaba otorgando poder a personas y hechos externos a mí, adoptando así una postura de víctima. A través del uso de la visualización creativa, aprendí que el poder residía en mí, que podía ser la artífice de mi vida y hacerla tal como la quería. Sentí una gran liberación y un enorme poder.

A medida que fui experimentando el proceso de crear mi propia realidad, comencé a darme cuenta de que el poder creativo que sentía no provenía de mi ego, sino de otra fuente creadora. A veces no sucedían algunas de las cosas que creía desear pero, al recapacitar, sentía que en realidad era una suerte que no ocurrieran. Otros hechos sucedían tan milagrosamente que era como si alguna fuerza oculta estuviese poniendo cada cosa en su lugar. A veces, experimentaba instancias de clarividencia, e incluso tenía visiones muy claras acerca del futuro que parecían provenir de alguna fuente situada en lo más profundo de mi ser. Me interesé cada vez más en descubrir qué era esa fuerza creadora y cómo actuaba. Sentía que "él" (mi yo superior) parecía saber más que "yo" (el ego de mi personalidad) acerca de muchas cosas. Pensé que quizás fuera interesante tratar de captar el mensaje que esa guía interior me transmitía y seguir sus consejos. Cada vez que lo hacía, parecía dar resultado.

Finalmente me cansé de controlar mi vida y ya no me interesaba tanto hacer que todo ocurriera como yo quería. Entonces comencé a entregarme al universo y a tratar de descubrir lo que "él" quería que hiciera. Descubrí que, a la larga, no era tan distinto pues, al parecer, el universo siempre quiere que logremos todo lo que deseamos y sabe guiarnos en la obtención de esos logros mejor de lo que sabríamos hacerlo nosotros. Sin embargo, en esa nueva técnica el énfasis era distinto. En lugar de imaginar lo que quería, fijarme metas y tratar de controlar lo que me ocurría, empecé a sintonizar la intuición en forma receptiva y a dejarme guiar por ella, aunque no siempre entendiera por qué hacía lo que hacía. Sentía que soltaba el control en una actitud de entrega y así dejaba que el poder superior se hiciera cargo de mí.

Fue por esa época que conocí a una mujer llamada Shirley Luthman, que luego se convirtió en una maestra muy importante para mí. Ella conducía reuniones semanales, a las que comencé a asistir con asiduidad y seguí haciéndolo durante cinco años. Allí aprendí mucho sobre cómo entregarme y transformarme en un canal consciente para el universo. Muchas de las ideas de *Vivir en la luz*, incluso el modo en que utilizo los conceptos de lo femenino y lo masculino, surgieron de Shirley y le estoy profundamente agradecida por las enseñanzas que me brindó. Les recomiendo un libro suyo, *Collection* (publicado por Mehitabel & Co., P.O.Box 151, Tiburon, CA 94920).

Confiar en uno mismo

Luego de varios años de trabajar con Shirley, me encontré frente al viejo problema de tener que despegarme del gurú. Quería y respetaba tanto a Shirley y todo lo que había recibido de ella era tan valioso para mí que me resultó muy difícil enfrentar el momento en el que sentí que ya no podía seguir recurriendo a ella en búsqueda de respuestas.

Mientras aprendía a confiar en mi canal, Shirley fue como un espejo para mí, al reflejar el poder de mi aspecto femenino interior. De algún modo, fue la madre metafísica que me brindó el apoyo y la seguridad que necesitaba, hasta que por fin estuve lista para confiar plenamente en mí.

Mi guía interior me indicó que debía dejar de apoyarme en ella. Había llegado el momento de confiar sólo en el poder de mi canal. Sentí una mezcla de miedo y liberación, al darme cuenta de que tenía un camino propio a recorrer, sin guías que me indicaran el rumbo. Hoy mi vida es una aventura diaria, un viaje de descubrimiento que prosigue minuto a minuto y tiene al universo por única guía.

Vivir en la luz

Desde que escribí *Visualización creativa*, mucha gente me pidió que escribiera otro libro. Dos años después de publicar *Visualización creativa*, comencé a sentir que iba a escribir otro libro. Un día, mientras daba un paseo por el bosque, iba pensando en mi nuevo libro y, como en un ensueño, me preguntaba qué título le pondría. De pronto, me llamó la atención un rayo de luz que se filtraba a través de los árboles y hacía brillar las hojas verdes. Era una imagen de una gran belleza y, mientras la contemplaba, vinieron a mí las palabras "Vivir en la luz". Supe de inmediato que sería el título de mi siguiente libro y recuerdo que sentí que, en realidad, no lo había pensado yo sino que lo había "recibido". Hasta tuve la impresión de que no tenía otra alternativa que la de usar ese título, como si se tratara de una orden.

Sentí una gran inspiración, empecé a redactar algunos apuntes y anuncié que estaba trabajando en mi nuevo libro. Mi editor hizo diseñar una cubierta y comenzó con el trabajo de promoción previa. Sin embargo, al cabo de un tiempo, advertí que, en realidad, no había escrito nada. Seguía pensando que iba a ocurrir pero no era así. La verdad era que no me sentía con la suficiente energía como para sentarme a escribir, y la idea de que "debía" hacerlo no me servía de nada. A esa altura, estaba totalmente comprometida con la filosofía de que la vida no tenía por qué ser una lucha. Sabía que cuando fuera el momento oportuno podría escribir con facilidad y, en cambio, prefería no hacerlo si lo sentía como una carga. De algún modo, sabía que llegaría el momento en el que la energía sería tan intensa que me sería imposible no escribir.

Pasaron varios años y me dediqué a hacer muchas otras cosas. Me seguían preguntando por mi nuevo libro y yo les decía que estaba por publicarse de un momento a otro. A veces sentía dudas en mi interior. Pensaba que tendría que aceptar el hecho de que quizá el libro nunca llegara a escribirse. Sin embargo, sentía que iba a ocurrir.

Escribir este libro fue como estar embarazada. Sentía que algo se estaba formando y que crecía dentro de mí y sabía que estaba gestando, aunque no se notara por fuera. El bebé iba a nacer cuando estuviera completamente formado y listo para salir al mundo.

Por fin llegó ese momento. El libro fue fluyendo sin dificultad y, como trabajé con Laurel, el proceso de escritura resultó emocionante y relativamente fácil. A pesar de que participaba de un sinnúmero de proyectos, encontré el tiempo necesario para sentarme a escribir.

A todos los que me pidieron que escribiera este libro, les agradezco su apoyo. Y mi mensaje para todos ustedes es: "Espero que disfruten al leerlo tanto como yo disfruté al escribirlo..."

Con amor,
Shakti

PRIMERA PARTE

PRINCIPIOS

1

UN NUEVO ESTILO DE VIDA

Vivimos en una época muy emocionante. Se está produciendo una gran transformación espiritual en el nivel más profundo de la conciencia. Creo que se da a nivel mundial el desafío de abandonar el estilo de vida actual y crear uno completamente nuevo. Atravesamos un proceso de destrucción de nuestro viejo mundo y de creación de un mundo nuevo.

El viejo mundo se basaba en un enfoque hacia lo exterior; como habíamos perdido nuestra conexión espiritual fundamental, creíamos que el mundo material era la única realidad. Nos sentíamos perdidos, vacíos y solos, y tratábamos de encontrar la felicidad y la realización personal a través de "cosas" externas: dinero, posesiones materiales, vínculos, trabajo, fama, buenas acciones, alimentos o drogas.

El mundo nuevo se está construyendo a medida que nos abrimos al poder superior del universo que habita en nuestro interior y, con plena conciencia, dejamos que esa energía creativa fluya a través de nosotros. A medida que cada uno de nosotros se conecta con su conciencia espiritual interior, aprendemos que el poder creativo del universo está dentro de nosotros. También aprendemos que podemos crear nuestra propia realidad y hacernos responsables de ella. El cambio comienza dentro de cada individuo pero a medida que más y más individuos se transforman, la conciencia colectiva va reflejando ese cambio cada vez más.

Mi observación de que se está produciendo una profunda transformación de conciencia en el mundo se basa en los cambios que advierto en mí, en los que me rodean y en nuestra sociedad. Y la información que recibo de miles de personas de distintas partes del mundo que trabajan conmigo confirman mis impresiones.

Vivir en la luz es un libro que se ocupa de esa transformación de conciencia que se produce en cada individuo y en todo el mundo. Las expresiones "viejo mundo" y "nuevo mundo" se refieren al viejo estilo de vida que dejamos atrás y al nuevo estilo que estamos creando, respectivamente.

Esta época puede preocupar a muchas personas ya que, en apariencia, la situación mundial y/o nuestras vidas personales van de mal en peor. Es como si muchas cosas que solían funcionar hubieran dejado de hacerlo. Creo que las cosas sí se están desintegrando y seguirán haciéndolo con más intensidad aún, pero no lo veo como algo negativo. Ese cambio será molesto en la medida en que sigamos apegados emocionalmente a nuestro viejo estilo de vida y a los viejos esquemas, en lugar de tratar de abrir los ojos a los profundos cambios que vienen ocurriendo.

A pesar de lo paradójico que pueda parecer, los cambios que se están produciendo constituyen la mayor bendición que podamos imaginar. La verdad es que el viejo estilo de vida que llevamos durante años no sirve. Nunca nos aportó la plenitud, la satisfacción y la alegría que siempre buscamos. Por supuesto que muchas personas han sido relativamente felices (aunque temo que la mayoría de la gente vivió desilusionada, dolorida y sin realizarse), pero ni siquiera la vida más feliz que haya existido en el viejo mundo se puede comparar con el grado de plenitud y felicidad que será posible alcanzar en el nivel de conciencia superior del nuevo mundo.

Es como si hubiésemos ido a la escuela toda la vida y nos hubieran enseñado exactamente lo opuesto al modo en que funciona el universo. Tratamos de hacer funcionar las cosas de la manera en que nos lo enseñaron e incluso podemos obtener cierto grado de éxito, pero a muchos de nosotros nos parece que las cosas no se resuelven tan bien como lo habíamos esperado. Esa relación perfecta nunca se materializa o, si lo hace, se desvanece pronto. O nos puede parecer que nunca tenemos suficiente dinero y por eso nunca nos sentimos seguros o en una situación económica holgada. Quizás no obtenemos el reconocimiento, la valoración o el triunfo que queremos. Y aun cuando logramos algunas de estas cosas, seguimos padeciendo una vaga sensación de que debe de haber algo más, un significado más profundo. Algunos podemos conectarnos realmente con ese significado profundo y sentir una mayor plenitud y expansión a través de una conciencia espiritual creciente. Sin embargo, subsisten viejos esquemas, a veces incomprensibles, y áreas de nuestra vida en las que la luz parece no haber comenzado a brillar.

Nuestro primer paso para la construcción del nuevo mundo, entonces, será admitir que nuestra "educación para la vida" no nos ha enseñado en todos los casos una forma de vida satisfactoria. Tenemos que volver al jardín de infantes y empezar a aprender una forma de vida completamente opuesta a la forma en que encarábamos las cosas antes. Quizás esto no nos resulte fácil y requiera tiempo, compromiso y valentía. Por eso es muy importante ser compasivos con nosotros mismos y recordarnos a cada momento lo difícil que es la tarea que hemos emprendido.

Debemos recordar siempre que en este nuevo mundo somos como bebés. Así como los bebés se caen muchas veces hasta que aprenden a caminar, vamos a cometer muchos errores en nuestro aprendizaje y podemos sentirnos ignorantes, asustados o inseguros. Pero así como no nos enojamos con un bebé cada vez que se cae (si lo hiciéramos, quizá nunca aprendería a caminar con plena confianza y energía), tampoco tenemos que criticarnos si al principio no podemos vivir y expresarnos con tanta plenitud como quisiéramos.

Estamos aprendiendo a vivir de acuerdo con las verdaderas leyes del universo. Vivir en armonía con el universo significa estar totalmente vivos, llenos de vitalidad, alegría, poder, amor y abundancia a todo nivel. Entonces, a pesar de que a veces nos pueda resultar difícil deshacernos del viejo mundo, vale la pena hacer cuanto sea necesario para llevar a cabo la transición hacia el nuevo mundo.

Meditación

Sentados o acostados, nos relajamos, cerramos los ojos y respiramos hondo varias veces. Cada vez que exhalamos, imaginamos que nos deshacemos de todo aquello que no queremos o no necesitamos. Con suavidad, sin hacer ningún esfuerzo, dejamos que nuestras frustraciones, nuestro cansancio o nuestras preocupaciones se disuelvan y se alejen. Este es el momento de liberarnos de un viejo estilo de vida que ya no nos sirve. Imaginemos que nuestras viejas costumbres, nuestros esquemas obsoletos y todos los obstáculos que nos impiden lograr lo que queremos abandonan nuestro cuerpo cada vez que respiramos. Cada vez que exhalamos, y cada vez que liberamos una porción de nuestras viejas limitaciones, creamos dentro de nosotros más espacio que llenaremos con algo nuevo.

Después de algunos minutos, empezamos a imaginar que cada vez que inhalamos incorporamos energía vital, la fuerza vital del universo. En esta energía vital se encuentra todo lo que necesitamos y deseamos: amor, poder, salud, belleza, fuerza, abundancia. Incorporamos todo eso con cada inhalación. Imaginamos que una nueva forma de vida se va abriendo y nos llena de vitalidad y energía. Imaginemos que nuestra vida es exactamente como queremos que sea. Pensemos que esa nueva vida esta aquí ahora y disfrutemos de ella. Dejemos ir lo obsoleto y vivamos en lo nuevo.

Una vez que completamos la meditación, abrimos los ojos con suavidad y volvemos a la habitación. Tratemos de retener esa sensación de renovación. Recordemos que estamos creando una nueva vida.

2

EL PODER SUPERIOR DENTRO DE NOSOTROS

Los cimientos de la vida en el nuevo mundo se basan en la comprensión de que existe una inteligencia superior, una energía o poder creativo fundamental en el universo que es la fuente y la sustancia de toda existencia. Las palabras y los conceptos que se utilizan para describir ese poder son innumerables; algunos muy usados en nuestra cultura son:

Dios	El Universo	Fuente
Espíritu	Yo Superior	Inteligencia Cósmica
Poder Superior	Yo soy	Guía Interior
La Luz	La Fuerza	Conciencia de Cristo

Estos términos son intentos de nombrar una experiencia o conocimiento difícil de expresar con palabras y conceptos racionales. Cada uno de nosotros tiene esa experiencia interiormente; las palabras que utilizamos para describirla no son sino las etiquetas que nos resultan más apropiadas.

Casi nunca utilizo la palabra Dios porque tiene muchas connotaciones confusas. La gente suele asociar este término con una formación religiosa que ya ha perdido su significado. Hay quienes pueden pensar que Dios es alguien o algo externo: el "anciano que está en el cielo con una barba larga y blanca".

Prefiero usar términos como poder superior, el universo, el espíritu, el yo superior, o la luz. En este libro, utilizo todas esas palabras indistintamente para referirme a ese poder e inteligencia creativa superior que habita dentro de nosotros. Si alguno de estos términos le parece vacío de sentido, elija con toda libertad el sustituto que prefiera.

Durante los primeros veinte años de mi vida, no tuve ninguna experiencia consciente o creencia en ningún poder superior. Tuve que atravesar muchos niveles de duda, escepticismo, falta de fe y miedo para alcanzar la profunda confianza que hoy siento por el poder superior del universo que está dentro de mí y dentro de todos y de todo cuanto existe. No acepté nada con fe ciega, es decir que en cierta forma tuve que "probar" la influencia de ese poder a través de mis vivencias. Desde que aprendí a confiar absolutamente en el poder superior del universo y a vivir de acuerdo a sus principios, los cambios que sentí y vi en mi vida fueron en verdad milagrosos.

Aquellos de ustedes que hayan sentido una profunda conciencia espiritual a lo largo de sus vidas ya tienen un sólido cimiento sobre el cual construir. Espero que mis palabras sirvan de apoyo y aliento a aquellos que, como yo, se sentían espiritualmente "desconectados" para que puedan encontrar esa conexión interior.

El universo tiene un aspecto personal y uno impersonal; cuanto más me entrego y confío en él, me doy cuenta de que mi relación con ese poder superior se vuelve más personal. Siento literalmente una presencia dentro de mí que me guía, me quiere, me enseña y me apoya. En el aspecto personal, el universo puede ser maestro, amigo, madre, padre, pareja, genio creador, hada madrina, y hasta Papá Noel. Dicho de otra manera, puedo conseguir todo lo que necesito o quiero a través de esa conexión interior. Ya casi nunca me siento sola. En realidad, cuando estoy físicamente sola es cuando mi comunión con el universo se vuelve más intensa. Los lugares de mi interior que antes estaban vacíos se llenan de luz. Es entonces cuando siento una presencia constante que me guía, me indica los pasos a seguir y me ayuda a aprender la lección que reside en dar un paso más en mi camino.

Meditación

Nos sentamos o nos acostamos en una posición cómoda. Cerramos los ojos y respiramos hondo. Cada vez que exhalamos, relajamos el cuerpo un poco más. Luego respiramos profundamente varias veces más y cada vez que exhalamos relajamos la mente. Dejamos que nuestros pensamientos fluyan sin apegarnos a ninguno. Dejamos que la mente se desconcentre. Relajamos la conciencia en un lugar profundo de nuestro interior.

Imaginamos que existe dentro de nosotros y a nuestro alrededor una presencia muy poderosa. Esa presencia nos llena de afecto, es fuerte y sabia. Nos alimenta, nos protege, nos cuida y nos guía. Es también muy alegre y placentera. A medida que aprendamos a conocerla y a confiar en ella, llenará nuestra vida de emoción y placer.

Podemos sentir esa presencia a través de una imagen, un sentimiento o una sensación física. Aun si no sentimos nada, vamos a suponer que esa presencia está con nosotros.

Nos relajamos y disfrutamos del sentimiento o pensamiento de saber que el universo se hará cargo de nosotros. Vamos a decir en voz baja o bien en voz alta esta afirmación: "Siento la presencia del universo en mi vida y confío en ella".

3

INTUICION

Una vez que reconocemos al poder superior del universo, surge la pregunta obvia: "¿Cómo podemos ponernos en contacto con ese poder o acceder a él?". Después de todo, si existe un saber superior o un conocimiento más profundo del que experimentamos normalmente, deberíamos recibir a través de él una guía valiosa acerca de cómo vivir mejor en este mundo confuso. Me di cuenta de eso hace algunos años, al emprender mi viaje hacia la luz. Descubrí que podemos acceder a ese saber que todos llevamos dentro a través de lo que conocemos con el nombre de intuición. Cuando aprendemos a ponernos en contacto con nuestra intuición, a escucharla y a actuar según sus indicaciones, podemos entrar en un contacto directo con el poder superior del universo y dejar que se convierta en nuestro guía. Es entonces cuando nos encontramos en total oposición con la vida que se nos había enseñado a vivir en el viejo mundo.

En la civilización occidental, aprendimos a respetar e incluso a venerar el aspecto lógico y racional de nuestro ser y a descartar, despreciar y negar nuestra intuición. Reconocemos la habilidad de los animales para entender, en apariencia, cosas que están por encima de su capacidad racional y a esa habilidad la llamamos instinto. Pero eso es un misterio que desafía toda explicación lógica, por lo cual nos encogemos de hombros y nos limitamos a considerarlo como algo muy inferior a la magnífica capacidad humana para razonar.

El sistema de valores de nuestra cultura se basa sobre todo en la creencia de que el principio racional es superior y constituye la verdad superior. La tradición científica occidental se ha convertido en nuestra religión. Desde niños se nos enseña a ser razonables, lógicos, coherentes, a reprimir los sentimientos y a evitar las conductas emocionales y no racionales. En el mejor de los casos, se considera que las emociones y los sentimientos son tonterías, debilidades y molestias. En el peor de los casos, se los considera una amenaza para la trama misma de la sociedad civilizada.

Nuestras instituciones religiosas alientan ese miedo al yo intuitivo y no racional. Muchas religiones que se basaban en un profundo reconocimiento del principio creativo universal hoy sólo apoyan esa idea en sus discursos. En lugar de ser fieles a ese reconocimiento, se esfuerzan por controlar la conducta de sus devotos a través de reglas complejas creadas para salvar a la gente de su naturaleza profunda, irracional y "pecaminosa". Y de acuerdo a muchas disciplinas psicológicas, la naturaleza instintiva del ser humano es oscura y peligrosa y debe ser controlada. Desde ese punto de vista, sólo nuestra parte racional tiene la capacidad de aprovechar esa fuerza misteriosa y de canalizarla hacia conductas saludables y constructivas.

Por lo general, las sociedades menos industrializadas encaran la vida con un profundo conocimiento y un gran respeto por el elemento intuitivo de la existencia. Dejan que sea una sólida conexión con la fuerza creativa la que guíe cada matiz de su vida diaria. Su falta de desarrollo tecnológico es, paradójicamente, lo que contribuyó a su destrucción y subversión gradual hacia una civilización moderna. Dos ejemplos tomados de la sociedad norteamericana son las culturas aborigen y afroamericana. Ambos grupos quedaron devastados al entrar en contacto con la cultura "occidental". Sin embargo, durante los últimos años ha aflorado un hondo respeto y un gran reconocimiento hacia los aborígenes. La cultura africana, traída por la fuerza al continente americano, ha hecho más que cualquier otra cultura por mantener vivo el poder intuitivo a través de su sólido espíritu.

En la evolución humana, parece que a medida que se fue desarrollando nuestra capacidad racional, fue aumentando nuestro miedo hacia nuestro aspecto intuitivo. Tratamos de controlar esa "fuerza oscura" a través de estructuras autoritarias que definen qué es lo correcto y lo incorrecto, lo bueno y lo malo y qué tipo de comportamiento se considera apropiado e inapropiado, de una manera muy opresiva. Culpamos por ese enfoque rígido de la vida a nuestra naturaleza no racional: desde nuestros problemas emocionales a los males sociales como la drogadicción, el alcoholismo, la delincuencia, la violencia y la guerra.

Una vez que aceptamos la existencia del poder superior del universo, que llega a nosotros canalizado a través de nuestra intuición, resulta evidente que nuestros problemas personales y los males del mundo se producen cuando no obedecemos a nuestra sabiduría intuitiva e interior. Cuanto más desoímos y reprimimos a nuestro ser interior, aumentan las probabilidades de que nos equivoquemos. Es decir que los problemas que mencionamos no constituyen un ejemplo de que nuestra naturaleza no racional y emocional se está tornando salvaje y descontrolada, sino que los problemas personales y sociales son el producto del temor y la represión de nuestra intuición.

Nuestra mente racional es como una computadora; procesa los datos que recibe y calcula conclusiones lógicas basadas en esa información. Pero la mente racional es limitada; sólo puede realizar cálculos en base a los datos que recibe en forma directa. Es decir que nuestra mente racional sólo puede operar en base a la experiencia directa que cada uno de nosotros ha tenido a lo largo de su vida.

La mente intuitiva, en cambio, parece tener acceso a una cantidad infinita de información. Parece estar capacitada para penetrar en un profundo depósito de conocimiento y sabiduría, la mente universal. También es capaz de seleccionar la información y otorgarnos exactamente lo que necesitamos cuando lo necesitamos. Aunque los mensajes pueden llegar en forma espaciada, si aprendemos a seguir la información provista paso a paso, se nos revelará qué acciones debemos llevar a cabo. A medida que aprendemos a confiar en esta guía, la vida se convierte en un fluir sin esfuerzo. Nuestra vida, nuestras acciones y sentimientos se entretejen con los de los demás en armonía.

Es como si cada uno de nosotros ejecutara un instrumento único en su género en una enorme orquesta dirigida por una inteligencia universal. Si interpretamos nuestra parte sin prestar atención a las indicaciones del director ni al resto de la orquesta, provocamos un caos total. Si tratamos de pedir consejos a los que nos rodean en lugar de escuchar al director, es imposible lograr la armonía; hay demasiada gente, y todos ejecutan partes distintas. Nuestro intelecto no está capacitado para procesar tanta información y decidir qué nota tocar en cada momento. En cambio, si miramos al director y seguimos sus indicaciones, podremos disfrutar del placer de interpretar nuestra parte, que será escuchada y apreciada por todos, y al mismo tiempo nos sentiremos parte de un todo armonioso mayor.

Cuando aplicamos esa analogía a nuestra vida, vemos que la mayoría de nosotros nunca se dio cuenta de que había un director de orquesta. Vivimos como pudimos, usando sólo nuestro intelecto para entender nuestra vida y para deducir cuál era la mejor forma de actuar. Si somos sinceros con nosotros mismos, vamos a admitir que no estamos logrando una interpretación muy brillante bajo la dirección exclusiva de nuestra mente racional. La disonancia y el caos que hay en nuestra vida y en el mundo refleja la imposibilidad de vivir de esa manera.

Al sintonizar la intuición y dejar que se convierta en la fuerza que guíe nuestra vida, permitimos que el director tome el lugar que le corresponde como líder de la orquesta. En lugar de perder nuestra libertad individual, recibiremos el apoyo que necesitamos para poder expresar de manera efectiva nuestra individualidad. Además, disfrutaremos la experiencia de ser parte de un canal creativo mayor.

No llego a comprender del todo el modo sorprendente en que funciona la intuición, pero sí sé que en verdad funciona y lo pude comprobar a través de la experiencia directa, la observación y las opiniones de las numerosas personas con las que trabajé. Y me doy cuenta de que cuanto más confío en esa "voz" interior y sigo sus indicaciones, mi vida se vuelve más fácil, más plena y más emocionante.

Meditación

Nos sentamos o nos acostamos en una posición cómoda y en un lugar tranquilo. Cerramos los ojos y nos relajamos. Respiramos hondo varias veces y con cada respiración relajamos el cuerpo un poco más. Relajamos la mente y dejamos fluir los pensamientos sin apegarnos a ninguno de ellos. Imaginamos que nuestra mente está en paz, como un lago apacible.

Centremos nuestra conciencia en un lugar profundo dentro del cuerpo, en la zona del estómago o del plexo solar, es decir donde sentimos que residen nuestros "sentimientos viscerales". Ese es el lugar físico en el que nos podemos poner en contacto con nuestra intuición con mayor facilidad.

Imaginemos que allí habita un ser muy sabio. Quizá tengamos una imagen de la apariencia de ese ser o tal vez sólo sintamos su presencia. Ese ser sabio es en verdad una parte de nosotros, nuestro yo intuitivo. Nos podemos comunicar con él hablándole en silencio, a través de pedidos o preguntas. Nos relajamos, no pensamos demasiado con la mente y nos mantenemos abiertos a recibir respuestas. Las respuestas pueden llegar a través de palabras, sentimientos o imágenes; suelen ser muy simples, referidas al presente (no al pasado ni al futuro) y se siente que son las respuestas correctas. Si no recibimos una respuesta inmediata, simplemente seguimos con nuestra vida. Las respuestas vendrán más tarde, de nuestro interior (a través de un sentimiento o una idea) o del exterior (a través de una persona, un libro, un hecho o lo que sea).

Por ejemplo, podemos decir: "Intuición, dime lo que necesito saber en esta situación. ¿Qué tengo que hacer?".

Debemos confiar en lo que sentimos en ese momento y actuar de acuerdo a eso. Si realmente se trata de nuestra intuición, nos sentiremos con más energía y poder y se nos abrirán nuevas oportunidades. Si no nos parece que sea la respuesta adecuada, quizá no estábamos escuchando a nuestra intuición sino a una voz proveniente de nuestro ego. Si nos sucede esto, volvemos atrás y pedimos una aclaración.

Se necesita práctica para escuchar a nuestra intuición y confiar en ella. Cuanto más lo hagamos, más fácil nos resultará. Poco a poco, podremos ponernos en contacto con nuestra intuición y hacernos preguntas, y sabremos que en ese "ser sabio" que habita dentro de nosotros, reside una increíble fuente de poder y energía dispuesta a contestar nuestras preguntas y a guiarnos. A medida que nos hagamos más sensibles a esa guía que proviene de los sentimientos intuitivos internos, sabremos qué es necesario hacer en cada situación. Nuestro poder intuitivo está listo para guiarnos siempre que lo necesitemos. Se abrirá a nosotros una vez que aprendamos a confiar en nuestra sabiduría interior.

4

TRANSFORMARSE EN UN CANAL CREATIVO

Al escuchar y seguir lo que nos indica la intuición, nos convertimos en un canal creativo para el poder superior del universo. Ese poder podrá manifestar su creatividad a través de nosotros cuando nos dejemos guiar por nuestra energía creativa. Cuando esto ocurra, sentiremos que fluimos con la energía, que hacemos realmente lo que queremos y que el poder del universo fluye dentro de nosotros para crear o transformar todo lo que nos rodea.

Cuando hablo de canalización, no me refiero al proceso psíquico de canalización que sucede en estados de trance. En esa canalización, existe un médium que entra en trance y permite que otro ser hable a través de él. (Uno de los ejemplos más conocidos de la canalización en estado de trance es el de Jane Roberts, que funcionó como canal para un ser llamado Seth.) Aquí utilizo el concepto de canalización en el sentido de entrar en contacto con la sabiduría y la creatividad de nuestra fuente más profunda y hacerla aflorar.

Todo genio creador es un canal. Toda obra maestra se crea a través del proceso de canalización. No es el ego el que crea las grandes obras. Las grandes obras surgen de una gran inspiración a nivel universal, y luego cobran forma y expresión a través del ego individual y de la personalidad.

Una persona puede tener una gran habilidad técnica, pero si no tiene la capacidad de canalizar, su obra carecerá de inspiración. La diferencia que existe entre un técnico y un canal queda claramente demostrada en la película *Amadeus*. Salieri sabía escribir música pero no sabía aprovechar la fuente creadora. Mozart, uno de los canales más sorprendentes que jamás haya existido, creaba una música que era a la vez técnicamente perfecta y de una gran inspiración. Lo hacía con mucha facilidad y en forma espontánea, sin esfuerzo. Desde que era niño, la música pareció irradiar de su interior. Estoy segura de que no tenía idea de cómo sucedía y no podría haber enseñado a nadie a crear como él.

Ese genio creador siempre fue considerado como algo misterioso e inexplicable, un talento otorgado por Dios a muy pocas personas. Parece ir y venir a su antojo; a veces está presente y a veces se ausenta, por eso muchas personas creativas temen que su talento desaparezca de repente. No saben cómo obtuvieron su talento, por lo que no sabrían cómo recuperarlo si desapareciera.

Las personas creativas suelen funcionar como canales en una sola área de sus vidas (como por ejemplo el arte, la ciencia o el mundo de los negocios) y no saben transferir esa capacidad a las demás áreas. Por eso sus vidas suelen tener un gran desequilibrio. (Ver la parte referente a "Personas muy creativas" en el capítulo 10 "Confiar en la intuición".)

Creo que todos somos genios, cada uno a su manera. Vamos a descubrir la naturaleza de nuestro propio genio cuando abandonemos nuestros intentos por tratar de adaptarnos a los modelos creados por nosotros o por otras personas, cuando aprendamos a ser nosotros mismos y dejemos que se abran nuestros canales naturales. A través de la confianza en nuestra intuición, es posible aprender a vivir como canal en todo momento, en todas las áreas de nuestras vidas.

Cuando hablo de canal, tengo la imagen de un tubo largo y redondo por el que fluye energía. Se parece a cada uno de los tubos de un órgano, por los que fluye la música.

Esta imagen del canal tiene tres características importantes:

1. Es abierto y sin obstrucciones, por lo que la energía fluye libre.

2. Tiene una forma física definida; existe una estructura que rodea el espacio abierto por lo que la energía tiene una dirección en particular. Sin esa estructura, la energía flotaría libremente sin atenerse a ninguna forma.

3. Tiene una fuente de energía, algo que hace fluir la energía a través del canal.

En un órgano de tubos, la fuente de energía (el órgano) libera energía a través de los tubos abiertos. La combinación particular del espacio abierto dentro de cada tubo y la estructura (el tamaño y la forma de los tubos) hace que se ejecute una determinada nota. La fuente de energía es la misma para todos los tubos y la energía que fluye dentro de ellos tiene la misma intensidad en todos los casos, pero debido a que cada tubo tiene un tamaño y una forma en especial, cada uno de ellos crea un sonido distinto.

Podemos decir que funcionamos como canales de la misma manera que los tubos de un órgano. Tenemos la misma fuente de energía (el universo) y fluye a través de cada uno de nosotros la misma energía creativa. Nuestra personalidad y nuestro cuerpo forman la estructura que determina la dirección y la función exclusiva que cada uno dará a la energía al canalizarla. Sólo a nosotros nos corresponde mantener el canal abierto y sin obstrucciones y también construir y mantener la estructura cuerpo/personalidad sólida, sana y hermosa para que sirva de vehículo a esa energía creativa. Podemos lograrlo sintonizando nuestra energía en todo momento, preguntándole adónde quiere ir y dejándonos llevar por ella.

No se construye una estructura cuerpo/personalidad sólida con dietas especiales, ejercicios o reglas. Se construye en base a la confianza en la intuición y a la obediencia de sus indicaciones. Cuando la voz interior nos indique qué debemos comer, qué tipo de ejercicio hacer o cualquier otra cosa, podemos confiar en que esos consejos fortalecerán nuestra capacidad para canalizar, a pesar de que nuestras ideas previas acerca de qué es bueno para nosotros sean muy diferentes a las que nos aconseja la intuición.

Todos somos canales de la intuición, aunque de manera inconsciente y esporádica. La siguiente historia real es un claro ejemplo de esto. Una amiga mía estaba hace poco en un local de venta de mascotas en el que había un loro hermoso y a un precio bastante razonable. Siempre había querido tener un loro pero nunca se lo había podido comprar y tampoco podía hacerlo en ese momento, ya que ni siquiera le alcanzaba el dinero para pagar el alquiler. Salió del local lamentando no poder aprovechar la oferta. Trató de olvidarse de todo eso pero, por más que lo intentara, no podía dejar de pensar en el loro. La sola idea de comprarlo le parecía ridícula. Sin embargo, dos días después volvió al negocio y dejó como seña todo el dinero que tenía para pagar el alquiler, no sin dudar seriamente de su cordura. En su camino al negocio de mascotas, sintió que si su decisión no era la correcta, alguna otra persona habría comprado ya el loro. La idea de que alguien pudiera adelantársele hizo que fuera casi en forma compulsiva a dejar el dinero para reservar el loro antes de que fuera demasiado tarde. Al día siguiente, volvió al negocio para ver al loro y el vendedor le dijo:

—Hizo bien en venir ayer a reservarlo. Un rato después, vino otra persona que quería comprarlo.

Ese mismo día, se encontró con un cliente que le pagó por adelantado la misma cantidad de dinero que ella había depositado el día anterior para reservar el loro. Y cuando volvió a su casa, el marido le dijo que la dueña de la casa había llamado para decir que esperaran unos días para pagar el alquiler porque se iba de vacaciones.

Por si todas esas cosas no hubiesen bastado para convencerla de que había hecho bien en obedecer a su intuición, al día siguiente consiguió un nuevo trabajo y le pagaron por adelantado una cantidad de dinero que no sólo le alcanzó para pagar el alquiler sino también para terminar de pagar el loro. Mi amiga me dijo que sentía una enorme sensación de poder y confianza después de este episodio. Me dijo:

—Me gustaría sentirme así todo el tiempo, en todo lo que hago.

Lo que acabamos de ver es un ejemplo excelente de canalización espontánea. Todos tuvimos alguna vez una experiencia parecida a ésta, en la que el haber actuado por intuición resultó positivo y gratificante. El paso siguiente consiste en ser más conscientes del proceso para poder darnos cuenta del momento en que estamos canalizando y no obstruir, combatir ni tratar de controlar la energía. Cuanto más dispuestos estemos a entregarnos a la energía interior, mayor será el poder que fluya a través de nosotros.

Estoy aprendiendo a seguir a mi espíritu interior adonde quiera llevarme. Penetro en mí en todo momento, siento la presencia de mi energía interior y me dejo guiar por ella. Siento que es hermoso vivir así. Cuando me dejo guiar por mi energía, siento alegría, poder, amor, paz y emoción, como mi amiga cuando escuchó la voz de su intuición y compró el loro. Pero seguir a ese poder superior implica un compromiso con la intuición. Hay que dejar que los sentimientos viscerales nos indiquen qué queremos hacer y luego actuar en base a esa información. Cuando hacemos esto, el poder fluye a través de nosotros y su fuerza aumenta todo el tiempo.

Sé que todos hemos tenido a veces experiencias en las que sentimos que la luz y el poder fluían a través de nosotros, como si hubiéramos tenido una visión previa de un estado de iluminación, una visión fugaz que enseguida se desvanecía y nos hacía sentir perdidos e inseguros.

A medida que practiquemos y aprendamos a confiar en la intuición, esto cambiará. Vamos a sentir ese fluir cada vez más y llegará el momento en que nunca nos abandonará. Estaremos donde queramos estar en todo momento. Estaremos donde la energía sea más positiva para nosotros, haciendo lo que queramos y veremos que los milagros se hacen realidad. Canalizaremos una energía que transformará a los que nos rodean. Por ejemplo, entraremos en un salón y todas las personas que están allí se sentirán más conectadas consigo mismas, o bien la gente que pase junto a nosotros en la calle sentirá un cambio repentino en su energía sin siquiera saber por qué.

A partir del compromiso de confiar en uno mismo, la vida cambia con mucha rapidez. Al principio, cuando tomamos la decisión de deshacernos de nuestros viejos esquemas, nos puede parecer que nuestra vida se desintegra. Si decidimos seguir adelante con este proyecto, vamos a ir dejando todas las cosas a las que estábamos apegados, pero será una experiencia regocijante, ya que la verdadera felicidad proviene de nuestra conexión con el universo. Todos los aspectos materiales de la vida son superficiales como la cobertura de una torta, sólo un juego que practicamos como canales del universo.

Podemos aprender a vivir en el mundo de la forma

(nuestro cuerpo, nuestra personalidad y el ámbito físico que nos rodea) sin apegarnos a él. Hasta ahora, la mayoría de la gente sólo dejaba de apegarse a la forma al abandonar su cuerpo en el momento de morir. Unas pocas personas trataron de trascender el apego alejándose de las tentaciones mundanas, ya sea entrando en un monasterio o a través de una práctica espiritual que los separaba del mundo.

Lo que yo sugiero es que podemos tener todo lo que el mundo tiene para ofrecer: vínculos, dinero, belleza, poder y diversión y, al mismo tiempo, podemos estar dispuestos a dejar todo eso en cualquier momento. Sabemos por intuición que el universo que habita dentro de nosotros es rico y poderoso, y que tenemos todo lo que necesitamos, por lo que no es necesario apegarse a nada. Nuestro cuerpo/ego, en cambio, siente que moriría sin todas esas cosas y por eso perpetuamos nuestro apego. Pero a medida que aprendemos a vivir como canales, el cuerpo/ego descubre que la plenitud no surge de lo exterior sino de la conexión con nuestro universo interior. Poco a poco, el ego se suelta y trascendemos el apego.

Mantener la concentración

Un aspecto importante del proceso de convertirse en canal consiste en concentrarse en la relación que uno mantiene con el universo. Esa concentración permite que nuestro canal se mantenga abierto a la energía que fluye a través de él. Es fácil desconcentrarse, perderse en medio de otras personas, metas externas y deseos. Y el problema es que hacemos exactamente eso: perdemos nuestra conexión con el universo que está dentro de nosotros. Siempre que nos concentremos en lo externo habrá un lugar interior vacío, hambriento y perdido.

Cuando nos concentramos en el universo interior,

podemos tenerlo todo: dinero, triunfos y vínculos profundos, sin perder esa conexión interior.

Si nos enamoramos de alguien y empezamos a considerarlo como nuestra fuente de alegría, nos perdemos. Hay que recordar que la fuente de alegría y amor ya está dentro de nosotros y que si experimentamos el amor como algo externo es porque lo llevamos dentro. Tratemos de mantenernos concentrados en el universo interior y, al mismo tiempo, tratemos de ver el universo que llega a nosotros a través de nuestra pareja.

Cuando la gente que asiste a mis talleres me dice que disfruta mucho de las actividades que hacemos, les doy las gracias y luego devuelvo ese agradecimiento al universo que está dentro de mí. Si tratara de controlar todo, el universo no podría fluir a través de mí y llegar a ellos.

Recordar que debo volver a mi interior para conectarme con mi intuición es una disciplina constante para mí. Es algo que debo hacer con frecuencia durante el día. Si siento que me estoy perdiendo en las actividades externas, analizo mi interior para ver si estoy obedeciendo a mis sentimientos. Eso hace que el fluir del universo viaje a través de mí.

Vivir como canal

La canalización funciona de dos maneras: la energía puede fluir a través de uno hacia los demás, o desde los demás hacia uno. Por ejemplo, a medida que escribo mi libro, me concentro en la energía que fluye del universo hacia los demás a través de mí. Por eso, cuando la gente me dice: "Me encantó su libro. Cambió mi vida", soy consciente de que el agradecimiento llega de ellos a mí, y a través de mí vuelve al universo.

A medida que tomamos más conciencia de que la

energía del universo fluye a través de nosotros y a través de todo y todos los demás, el cuerpo puede canalizar más energía. Cuanta más energía estemos dispuestos a recibir, más podremos dar.

Convertirse en un canal abierto para el universo constituye el mayor de los desafíos y un inmenso potencial de alegría y plenitud. Ser canal significa vivir con intensidad y pasión, tener vínculos afectivos profundos, jugar, trabajar, crear, disfrutar del dinero y de los bienes materiales, ser totalmente uno mismo sin perder ni por un momento la conexión profunda con el poder del universo que llevamos dentro.

Así, vemos que el universo crea a través de nosotros y nos utiliza como vehículos de su obra. Vivir como canal es una experiencia accesible a todo el que está dispuesto a asumir el compromiso interior.

Canalización grupal

Al aprender a confiar en nuestra intuición, vamos aprendiendo también a abrir y fortalecer nuestro canal individual para que pueda fluir a través de nosotros más poder, creatividad y amor. Cuando nos reunimos para formar un vínculo o un grupo, cada canal individual pasa a formar parte de un canal mayor. Se crea un canal grupal más poderoso que cualquiera de los canales individuales.

Cuando hay muchos cuerpos y mentes dispuestos a entregarse, abrirse y crecer, esas energías combinadas crean una estructura muy sólida y abierta que permite que fluya más energía del universo. El proceso se intensifica mucho y todos recibimos un “golpe” de energía capaz de impulsarnos hacia el próximo nivel de crecimiento. A pesar de que nos encontremos en lugares o situaciones diferentes, cada persona recibe la inspiración, el apoyo, el impulso o lo que necesite para poder dar un paso más en su camino. Un canal grupal puede abrirnos a un nivel más profundo de conciencia, y durante ese proceso, compartimos más cosas de nosotros mismos y nos damos cuenta de que nos hemos sanado de aquello que nos bloqueaba. Esa es la razón por la que me gusta conducir talleres y trabajar con grupos. Mis amigos dicen que soy "adicta a la energía" porque siempre me atraen las situaciones en las que la energía es más intensa y expansiva. Me gusta la manera en que mi proceso de crecimiento se acelera por la intensificación que se produce en los grupos.

Ya no sigo una forma o estructura específica en mis grupos. Prefiero crear un canal grupal y dejar que el universo se haga cargo del grupo y lo guíe. Como conductora, me corresponde compartir mi proceso de aprendizaje para servir de canal y apoyar a los demás en esa misma práctica.

A medida que todos se entregan y se abren, se forma el canal grupal. Ese proceso puede ser por momentos confuso y caótico porque el líder no tiene el "control" de la situación, en el sentido más común del término. Esto a veces despierta miedo, tanto en mí como en los demás participantes, pero me doy cuenta de que cuando me propongo trascender el miedo, surgen cosas muy lindas e intensas a través del canal grupal. El universo nos conduce a lugares y a descubrimientos nuevos, que no habríamos podido experimentar si nos hubiéramos quedado en una estructura más formal. El proceso de la canalización grupal me parece muy emocionante y provechoso.

Todos los habitantes del planeta formamos parte de un canal grupal gigantesco, la conciencia colectiva de la humanidad. El mundo en que vivimos en la actualidad es la creación del canal grupal. A medida que cada uno de nosotros se entrega al poder del universo en forma individual y se deja transformar e iluminar por ese poder, el canal grupal recibe esa misma influencia. La conciencia colectiva se ilumina cada vez más. Es así como el mundo se va transformando.

Meditación

Nos sentamos o nos acostamos en una posición cómoda. Cerramos los ojos. Respiramos hondo y relajamos la mente. Volvemos a respirar profundamente y nos soltamos de todo. A medida que nos relajamos, nos encontramos en un lugar calmo y profundo de nuestro interior. Esa es la parte más profunda que tenemos. Descansamos en ese lugar sin pensar ni hacer nada.

Desde ese lugar profundo y calmo, pedimos al espíritu del universo que fluya a través de nosotros. Afirmamos nuestra voluntad de ser canales del universo. Sentimos dentro de nosotros poder, sabiduría y creatividad.

Cada uno de nosotros es un canal. Veamos cómo fluye la energía a través de nosotros hacia los demás. A medida que seguimos a nuestro guía interior, la creatividad se manifiesta en el mundo. Nos hacemos una imagen de cómo ocurre esto. Es importante estar abiertos a cualquier imagen que se nos ocurra. Imaginemos qué sentiríamos si nuestra creatividad se estuviera manifestando en este preciso momento.

Cada uno de nosotros es un canal abierto para el universo. Nos invade la luz y el poder que fluye a través de nosotros hacia nuestra vida y hacia los demás.

Ejercicio de canalización

Todos somos canales del universo. En este ejercicio

les voy a pedir que sientan que es así y que están conscientes de eso durante un día entero. A medida que lo practiquemos, nos resultara fácil hacerlo todos los días.

Al despertarnos, antes de salir de la cama, vamos a pensar durante algunos minutos que somos canales del universo. Sentimos la energía en el cuerpo y tomamos conciencia de nuestra capacidad para canalizar la luz hacia los demás. Cada vez que nos encontremos con alguien, nos daremos cuenta de que la luz del universo circula a través de nosotros hacia esa persona. A la vez, nos concentramos en el canal que cada persona con que nos encontramos lleva dentro de sí y sentimos que en cada conversación que tenemos con los demás es el universo el que nos habla. A medida que vayamos reconociendo nuestro verdadero poder y el de los demás, la luz aumentará. Veremos la luz en todas las situaciones.

5

EL MUNDO COMO ESPEJO

El mundo físico es nuestra creación: todos creamos nuestra propia versión del mundo, nuestra realidad particular, nuestra experiencia de vida exclusiva. Puesto que nuestra vida ha sido creada a través de nuestro canal, podemos mirar nuestra creación para obtener información sobre nosotros mismos. De la misma manera en que un artista mira su última creación para ver qué está bien y qué está mal, podemos mirar la obra maestra en proceso de creación que es nuestra vida para darnos cuenta de quiénes somos y para reconocer qué es lo que nos falta aprender.

Creamos nuestra vida a medida que la vivimos; por eso, nuestras experiencias y necesidades son reflejos de nosotros mismos. Nuestro mundo externo es como un espejo gigante que refleja tanto nuestro espíritu como nuestra forma con claridad y precisión. Una vez que hayamos aprendido a mirarnos en él y a interpretar lo que vemos reflejado, tendremos una herramienta fabulosa.

El proceso de reflexión

El proceso de reflexión es una técnica que nos puede ayudar a ver el mundo como espejo. El mundo externo concebido de esa forma nos puede revelar los aspectos ocultos de nosotros que no podemos ver en forma directa. El proceso se basa en dos premisas:

1. Considero que todo lo que existe en mi vida es mi reflejo, mi creación; no hay accidentes ni eventos ajenos a mí. Todo lo que veo y siento, todo lo que me afecta ha sido atraído o creado por mi propio ser para mostrarme algo. Si no reflejara alguna parte de mí, ni siquiera lo habría visto. Todas las personas de mi vida son reflejos de mis distintos caracteres y sentimientos.

2. Trato de no deprimirme por los reflejos que veo. Sé que nada es negativo. Todo lo que ocurre es un regalo que me revela algo. Después de todo, estoy aquí para aprender; si fuera un ser perfecto, no estaría aquí. ¿Por qué habría de enojarme conmigo cuando veo cosas que antes no había advertido? Sería como si un alumno de primer grado se sintiera frustrado porque todavía no está en la universidad. Trato de sentir compasión por mí y por mi proceso de aprendizaje. De esta manera, el proceso de aprendizaje se vuelve entretenido y muy interesante.

Estoy aprendiendo a ver mi vida como una película fascinante y llena de aventuras. Todos los personajes de esa película son partes de mí llevadas a la pantalla para que pueda verlas con más claridad. Luego de verlos y reconocer sus diversos sentimientos y voces dentro de mí, resulta fácil elegir cuáles personajes retener y desarrollar y cuáles transformar o abandonar.

Si la película plantea problemas, conflictos o luchas, sé que debo analizar mi interior para ver en qué aspectos no estoy siendo fiel a mis sentimientos. También sé que cuando confío en mí y soy fiel a lo que siento, todo lo que ocurre en mi vida lo refleja; todo se acomoda en su lugar de un modo casi milagroso.

Los problemas son mensajes

Si tenemos problemas, es el universo que trata de llamarnos la atención. Nos dice: "¡atención!, aquí hay que cambiar algo". Si prestamos atención a los signos más leves, aprenderemos de ellos; si no, los problemas se harán cada vez más graves hasta que captemos el mensaje y comencemos a prestar atención. Si aceptamos que cada vez que ocurre un problema esto significa que el universo nos está mostrando algo, avanzaremos mucho en nuestro viaje hacia el autodescubrimiento.

Cuando ocurre algo "negativo", sentimos la tentación de decir: "¿Por qué me pasa esto a mí? Hago lo que puedo pero nada me sale bien. No entiendo por qué sigo teniendo siempre el mismo problema". Si alguna vez nos oímos decir algo así, tratemos de abrirnos a otra forma de ver las cosas. Analicemos nuestro interior y digamos al universo: "Sé que estás tratando de mostrarme algo. Ayúdame a entender de qué se trata".

Después, dejemos de pensar en eso pero mantengámonos atentos al mensaje que vamos a recibir. Puede llegar a través de un sentimiento o una idea, a través de las palabras de un amigo o de un hecho inesperado. Puede llegar en forma inmediata o mucho tiempo después. Uno de mis alumnos perdió su empleo hace dos años. Al principio se sentía muy mal, pero después de dos meses en los que trató de "orientarse", emprendió su propio negocio. Le va muy bien, pero sólo la semana pasada "captó" por fin el mensaje que reflejaba la pérdida de su empleo. Al hablar con un amigo acerca de trabajar para otras personas, se dio cuenta de que su despido había sido un mensaje para indicarle que estaría mucho mejor trabajando en forma independiente. Al advertirlo, no sólo se sintió más seguro acerca de su forma de vida actual sino que al fin dejó de sentirse incompleto por haber sido despedido de su empleo.

Interpretar el reflejo

Lo más difícil al utilizar el proceso de reflexión es aprender a interpretar el reflejo que vemos. ¿Cómo averiguar qué significa un mensaje una vez que lo captamos?

De nada nos servirá analizarlo y pensarlo con la mente racional. Es mucho más efectivo replegarse hacia el ser interior de uno mismo y pedir ayuda al universo. Nos sentamos con calma, respiramos hondo y nos concentramos en nuestro interior, en el ser sabio que habita dentro de nosotros y está en contacto con la sabiduría del universo. En silencio o en voz alta, le pedimos a ese ser que nos guíe o nos ayude a entender el mensaje. Cuando sintonicemos nuestros sentimientos intuitivos y sintamos qué debemos hacer en ese momento, debemos actuar según esa sensación.

Después de actuar según nuestros sentimientos intuitivos, prestemos atención a las reacciones externas e internas a nuestras acciones. La reacción externa corresponde a los resultados que obtenemos. ¿Todo parece estar en su lugar y funcionar bien? Entonces es seguro que estamos sintonizados con nuestra guía interior. Si estamos luchando para conseguir algo y no ocurre con facilidad, ése es un mensaje para abandonar lo que estamos haciendo y analizar nuestro interior para saber qué es lo que en verdad queremos hacer.

Las reacciones internas vienen a nosotros en forma de sentimientos. Si nos sentimos llenos de poder, con más vida, significa que nuestra acción es la correcta. La clave es sentirse vivo. Cuando el universo fluye a través de nosotros con mayor intensidad, más intensa es también la sensación de estar vivos. En cambio, cada vez que desoímos a nuestra guía interior, sentimos una pérdida de energía y de poder, una sensación de muerte espiritual.

Ser fieles a nosotros mismos hace que la sensación de estar vivos sea más intensa, pero también puede ser algo incómodo. Eso se debe a que nos estamos arriesgando a cambiar. Al cambiar, podemos tener emociones intensas. Dejemos que esas emociones se manifiesten. Después de todo, nuestra voz interior debe atravesar años de inconciencia, dudas y miedos acumulados, por eso debemos dejar que esos sentimientos broten y fluyan a través de nosotros; se están purificando y sanando a través de la luz.

Las reacciones externas también pueden reflejar esos sentimientos: nuestros miedos y nuestras dudas a menudo se verán reflejadas en las reacciones de los que nos rodean. Si nuestros familiares y amigos cuestionan o juzgan nuestros cambios, debemos reconocer que sólo están reflejando las voces de duda y miedo que hay en nuestro interior, como por ejemplo: "¿No me estaré equivocando? ¿Será en verdad confiable este proceso?".

Es necesario responder a quienes reaccionan así del modo que nos resulte más apropiado: calmándolos, ignorándolos, discutiendo con ellos, lo que sea. Lo importante es que nos demos cuenta de que en realidad estamos enfrentando a nuestros miedos interiores. Debemos afirmar que estamos aprendiendo a confiar cada vez más en nosotros mismos. Nos sorprenderá ver que ese aumento de confianza en nosotros mismos se refleja en una actitud de mayor confianza de los demás hacia nosotros.

Recordemos que:

Si nos juzgamos y nos criticamos, nos juzgarán y nos criticarán.

Si nos lastimamos, nos lastimarán.

Si nos mentimos, nos mentirán.

Si somos irresponsables con nosotros mismos, lo serán también con nosotros.

Si nos culpamos, nos culparán.

Si nos tratamos con violencia en el plano emocional, nos tratarán con violencia en lo emocional e incluso en lo físico.

Si no escuchamos a nuestros sentimientos, nadie los escuchará.

Si nos amamos, nos amarán.

Si nos respetamos, nos respetarán.

Si confiamos en nosotros mismos, confiarán en nosotros.

Si somos honestos con nosotros mismos, serán honestos con nosotros.

Si sentimos compasión por nosotros mismos, nos tendrán compasión.

Si nos valoramos, nos valorarán.

Si nos honramos, nos honrarán.

Si nos sentimos bien con nosotros mismos, se sentirán bien con nosotros.

Cambiar viejos esquemas

Es importante saber que no podemos cambiar nuestros viejos esquemas de un día para el otro. A veces los cambios se producen con rapidez, una vez que reconocemos el mensaje, pero a veces nos parece que seguimos cometiendo los mismos errores una y otra vez y que seguimos obteniendo los mismos resultados desfavorables aun cuando sabemos que hay mejores posibilidades. Hace falta mucho tiempo para que el ego cambie de costumbres, por eso vemos que la misma película se repite varias veces.

Si sentimos que nuestros progresos son muy lentos, pidamos ayuda al universo y recordemos que pronto todo cambiará. El cambio no sobrevendrá por tratar de hacernos cambiar, sino a partir de que tomemos conciencia de lo que no funciona bien. Entonces podemos pedir a nuestro ser interior que nos ayude a abandonar los viejos esquemas y a incorporar los nuevos. No olvidemos que la hora más oscura es la que precede al amanecer; el cambio suele sobrevenir cuando ya nos hemos dado por vencidos o cuando menos lo esperamos.

Uso del proceso de reflexión

Al utilizar el mundo como espejo, debemos enfrentar la realidad externa de nuestra vida del modo en que sea necesario. Pero tan pronto como sea posible, antes, durante o después de enfrentar lo externo, analicemos nuestro interior para ver lo que se nos muestra.

Si alguien se enoja con nosotros, nos culpa y nos critica, quizá debamos decirle: "Deja de culparme. No quiero oír tus críticas. Si quieres hablar de tus sentimientos, voy a escucharte con placer, pero si sigues atacándome, me voy". Si esa persona se hace más responsable de sus sentimientos (y dice, por ejemplo: "Me dolió mucho que ayer no me llamaras y me ofendí"), podremos seguir con la conversación a un nivel más productivo. Si siguen culpándonos y hablando de nuestros "problemas", quizá debamos irnos y negarnos a seguir la conversación hasta que dejen de atacarnos.

Cualquiera haya sido nuestra reacción, hemos enfrentado la situación externa. Pero en cuanto podamos, analicemos nuestro interior y preguntémonos: "¿Qué parte de mí refleja el enojo de esta persona?". Quizá nos demos cuenta de que últimamente hemos sido muy intolerantes con nosotros mismos. O quizá descubriremos que nuestro yo interior está molesto porque no nos hemos ocupado mucho de nosotros. Cuando los demás nos exigen más, a menudo se debe a que nos estamos exigiendo más.

Una amiga descubrió que su novio la engañaba. Se sentía herida y enojada, en especial por haber descubierto la deshonestidad de su novio. Pudo expresar lo que sentía y le pidió a su novio que la dejara sola durante un tiempo para analizar la situación. Al quedarse sola, se preguntó: "¿Me estoy mintiendo en algo? ¿Hay algo en lo que no estoy siendo sincera y honesta conmigo misma y que me hace atraer a un hombre deshonesto?". Dejó de pensar en eso y se fue a su trabajo. Al final del día, se dio cuenta de que la presencia de ese hombre nunca había sido del todo real ni completa. Pero antes lo negaba porque no se atrevía a plantearle lo que sentía y sabía por intuición. Se había mentido a sí misma y lo había apoyado a él en sus mentiras. Se dio cuenta de que ésa era una lección para aprender a confiar más en sus sentimientos y a tener la valentía de expresarlos y apoyarlos. Empezó a ponerlo en práctica con su novio y finalmente lograron una relación de pareja honesta y comunicativa. También podría haber elegido no seguir adelante con la relación. Lo importante es que a partir de esa experiencia aprendió a confiar en sus sentimientos y a expresarlos.

Si tenemos una reacción emocional frente a lo que alguien hace, es probable que las actitudes de ambos sean espejos de lo que le sucede al otro. Es posible que en apariencia los dos puntos de vista sean opuestos, pero quizá internamente haya muchas similaridades. Uno de los dos refleja un extremo del conflicto interno, mientras el otro representa el extremo opuesto.

Una persona puede exigir un mayor grado de compromiso en una relación, mientras que la otra exige más libertad. Ambos asumen posiciones extremas y se convencen de que tienen opiniones opuestas. Sin embargo, si uno de los dos cambia de posición (el que exigía mayor compromiso de pronto exige más libertad) el otro también cambiará a la posición opuesta en la mayoría de los casos. Eso ocurre porque ambos tratan de resolver un conflicto interior que ambos tienen, el deseo de estar juntos y el miedo a sentirse atrapados.

Cuando uno se analiza y toma más conciencia de sus sentimientos, a menudo reconoce que proyecta su conflicto interior en el mundo exterior para poder reconocerlo y enfrentarlo. Si alguien quiere de verdad una relación en la que haya un alto grado de compromiso, atraerá a alguien que busque lo mismo. Si alguien se siente seguro de que quiere tener varias parejas a la vez, simplemente lo hace. A través del proceso de reflexión, podemos reconocer lo que en verdad sentimos y aprender a ser más honestos con nosotros mismos. Una vez que detectamos un conflicto interno, podemos pedir al universo que nos ayude a resolverlo y a integrar nuestros sentimientos.

La idea de que el mundo es nuestro espejo también nos da la oportunidad de recibir información positiva. Pensemos en todo lo que nos gusta de nuestra vida actual. Nosotros creamos todas esas cosas que disfrutamos; esas cosas también nos sirven de espejos. Pensemos en todas las personas a las que amamos, respetamos, admiramos y con las que disfrutamos de estar juntos. También son espejos. Ni siquiera estarían en nuestra vida si no fueran un reflejo de nosotros; no podríamos reconocer sus cualidades si no tuviéramos cualidades similares. Pensemos en las personas y animales que nos quieren. Son reflejos del amor que sentimos por nosotros mismos. Si nuestra casa o algún sitio natural en particular nos parece hermoso, eso es un reflejo de nuestra propia belleza. Cuando apreciamos la belleza de algún lugar, es un reflejo de nosotros mismos.

Hay espejos en todas partes. Las personas con las que nos relacionamos son espejos de nosotros; cuanto más profunda es la relación, más nítido es el reflejo. Lo interesante de usar este proceso de reflexión es descubrir quiénes somos a través de esos reflejos externos. La clave es replegarnos hacia nuestro interior y descubrir el significado de los reflejos que vemos. Cuanto mayor sea nuestro deseo de llevar a cabo ese análisis sin negar lo que vemos ni culparnos por esos reflejos, más rápido será nuestro camino hacia la búsqueda de nuestro máximo potencial.

Meditación

Nos relajamos y cerramos los ojos. Respiramos hondo, lentamente y nos replegamos a un lugar en lo profundo de nuestro interior. Traemos a la mente la imagen de una persona o de algo que forme parte de nuestra vida y le preguntamos qué refleja. Estamos abiertos a todo tipo de respuesta, ya sea a través de palabras, sentimientos o imágenes.

Ejercicios

1. Pensemos en una persona a la que queremos o admiramos. Hagamos una lista de sus cualidades. Pensemos de qué manera nos vemos reflejados en esas cualidades. En algunos casos, puede tratarse de cualidades que todavía no hemos desarrollado en forma completa. Esa persona está con nosotros para enseñarnos e inspirarnos con su ejemplo.

2. Hagamos una lista de todas las cosas y personas

que nos gustan. Halaguémonos por crear y atraer esos espejos.

6

ESPIRITU Y FORMA

El espíritu es la esencia de la conciencia, la energía del universo que crea todas las cosas. Cada uno de nosotros forma parte de ese espíritu, esa entidad divina, y por eso el espíritu es el yo superior, el ser eterno que vive dentro de nosotros.

La forma es el mundo físico. Como individuo, mi forma es mi cuerpo, mi mente y mi personalidad. Es también el concepto que tengo de mí misma, mi estructura de ego/identidad: "Me llamo Shakti Gawain. Nací el 30 de septiembre de 1948. Mido 1,75 metros y peso 58 kilos. Soy inteligente y sociable". Toda esta información corresponde a mi forma.

Como seres espirituales, creamos el mundo físico como un lugar de aprendizaje. Nos sirve de escuela, de espacio de juegos, de atelier de artista. Creo que estamos aquí para perfeccionar el proceso de creación, para aprender a canalizar de manera consciente la energía creativa del espíritu para transformarla en forma física.

Los físicos están descubriendo ahora lo que los metafísicos han estado afirmando durante miles de años: aparentemente, la materia física en realidad está compuesta de energía. Si miramos algo "sólido" con un microscopio, vemos una cantidad infinita de pequeñas partículas en vibración. Si examinamos con atención una de esas partículas, descubrimos que está compuesta de partículas aún menores y así sucesivamente. El hecho es que todo lo que es físico está compuesto de "energía", a la que también podemos llamar "espíritu" o "el universo". Por eso la ciencia moderna apoya la antigua verdad metafísica de que la forma se crea a partir del espíritu.

Cuando nuestro espíritu decide manifestarse a través de la forma física, lo primero que crea es un cuerpo físico en el cual albergarse. Elegimos un estilo de vida y creamos un cuerpo que se corresponde con lo que creemos que nos servirá y nos enseñará más en esta vida. Nuestro objetivo último es crear una estructura de cuerpo/personalidad que pueda expresar plenamente nuestro espíritu creativo divino, una forma que pueda hacer todo lo que nuestro espíritu quiere hacer con facilidad, habilidad y belleza.

El mundo físico atraviesa un período de creación relativamente primitivo si se lo compara con la conciencia de nuestro espíritu. Leí hace poco tiempo en un artículo de divulgación científica que la estructura cuerpo/mente ha evolucionado muy poco desde la prehistoria. Por eso tenemos seres muy evolucionados dentro de formas físicas simples y poco evolucionadas. Esas formas tienen cierta conciencia propia que se circunscribe básicamente a la supervivencia. Se ocupa de cómo conseguir suficiente alimento, protección y apoyo emocional; cómo protegerse del peligro y cómo asegurarse de que se lleve a cabo la reproducción y de que sobreviva la descendencia.

Cuando nacemos en nuestro cuerpo, nos olvidamos de quiénes somos en realidad y del propósito por el que vinimos aquí. Adoptamos la conciencia "de supervivencia" del mundo físico y nos perdemos en el mundo de la forma. Nos olvidamos de nuestro espíritu y creemos que somos sólo nuestras personalidades. Perdemos así el contacto con nuestro verdadero poder y nos sentimos perdidos e indefensos. La vida se convierte en una lucha por encontrar la satisfacción y el sentido de la existencia.

Podemos pasar muchas vidas atrapados en ese círculo vicioso. Muchos hemos pasado años con el pensamiento puesto en lo externo y tratamos de encontrar la plenitud en el mundo de la forma. Pero en algún momento nos damos cuenta de que algo no anda bien: hagamos lo que hagamos, no encontramos la felicidad. Perdemos los deseos de seguir una vida más, un año más y ni un minuto más en esa lucha estéril. Nos sentimos frustrados, sin esperanzas y abandonamos todo.

Ese es un momento doloroso y aterrador en la vida de una persona. Es como tocar fondo. Es el momento de la muerte del ego, en el que la forma cuerpo/mente reconoce la futilidad de seguir viviendo de ese modo y se da por vencida. Preferiría morir a seguir luchando. En ese momento, la persona suele pensar en la muerte o puede experimentar la muerte de un amigo íntimo o de un miembro de su familia (o varias muertes al mismo tiempo). Algunas personas tienen una enfermedad grave, un accidente u otro tipo de crisis en ese momento, y muchos piensan en el suicidio o incluso lo intentan.

Sin embargo, la hora más oscura es en verdad la que precede al amanecer. Cuando abandonamos la lucha por encontrar la plenitud "allá afuera", el único lugar que nos queda es nuestro interior. Es en ese momento de entrega total cuando aparece la luz del amanecer. Creemos que vamos a tocar fondo pero en cambio caemos como por una trampa a un mundo nuevo y brillante. Hemos redescubierto el mundo de nuestro espíritu. Es como renacer. Somos recién nacidos en este nuevo mundo y no sabemos cómo se hace para vivir, ya que ninguno de nuestros viejos hábitos nos da resultado aquí. Nos sentimos inseguros porque nuestro ego ya no controla la situación. Sin embargo, la esperanza renace con nosotros y el poder y la visión empiezan a hacerse realidad. A partir de ese momento, nos volvemos cada vez más "iluminados".

Ram Dass tiene una hermosa analogía para expresar ese proceso. Lo compara con un reloj, en el que el punto de comienzo es el lugar donde se marcan las doce. De 12 a 3 la vida se pierde por completo en la ilusión de la forma. De 3 a 6 sobreviene una "desilusión" gradual con respecto al mundo, y a las 6 es cuando tocamos fondo. Sentimos que lo perdimos todo, pero a medida que atravesamos el límite de las seis, en verdad despertamos y avanzamos hacia el espíritu. De las 6 a las 12 la iluminación va en aumento. Como individuos, atravesamos varias etapas de ese período. Cuando tenemos la conciencia suficiente como para hablar de esto, ya hemos avanzado en el camino hacia la luz. Tengo la sensación de que cada uno de nosotros tiene un gran ciclo de este tipo que dura muchas vidas físicas, y también tenemos una cantidad infinita de ciclos menores, a veces hasta todos los días. También siento que la conciencia colectiva de este mundo se halla atravesando la etapa de las 6.

Cuando redescubrimos nuestro espíritu, en general nos inclinamos a nutrir y cultivar esa conciencia. A menudo eso implica cierto grado de alejamiento del mundo y de introspección. La forma de hacerlo varía según cada persona; algunos necesitan estar en contacto con la naturaleza, otros practican la meditación o van a retiros espirituales y hay quienes sólo necesitan tomarse un tiempo para estar solos y tranquilos. En muchos casos éste suele ser un período de alejamiento parcial o total de la vida social, el trabajo y/u otras formas de apego que tienden a impulsarnos hacia lo que es externo a nosotros. Para algunas personas, esto puede durar toda una vida o incluso más; para otros, semanas o meses. Cada entidad es única, por lo cual cada uno experimenta ese movimiento hacia el interior de manera diferente. De una u otra forma, aprendemos a entrar en nosotros y a permanecer en ese rincón tranquilo de nuestro interior durante un tiempo. Allí encontramos una conexión cada vez más profunda con nuestro espíritu.

Al sentirnos en una profunda conexión con nosotros mismos, a menudo experimentamos una sensación de claridad, visión, sabiduría, poder y amor. Eso se debe a que nuestro espíritu ya está altamente evolucionado; ya está inmerso en la verdad y en la luz. Por eso, en cuanto entramos en contacto con él, tenemos un "pico" temporario, una experiencia de iluminación momentánea.

El problema es que nuestra forma aún no ha evolucionado. Abandonó sus viejos hábitos, murió, renació y ahora atraviesa por una etapa infantil, sin saber qué hacer. Si la tomamos de la mano y empezamos a guiarla y a enseñarle, aprenderá con gran rapidez a vivir de una manera distinta. No obstante, conserva recuerdos, esquemas y programas del viejo mundo y se obstina en volver a ellos.

He aquí el dilema en el que nos encontramos todos hoy: una gran discrepancia entre nuestro espíritu y nuestra forma. El espíritu es muy poderoso y creativo y hay muchas cosas que desearía hacer para expresarse en el mundo físico pero necesita tener la forma como vehículo. La forma está dispuesta a seguir al espíritu adonde éste quiere ir, pero todavía no está lista para hacerlo. Necesita que el espíritu la transforme y la eduque a través de su poder y sabiduría.

Sobrellevar la discrepancia

Ser un espíritu muy evolucionado en una forma poco evolucionada es muy incómodo. Es la causa de muchos de los problemas actuales. Es como si fuéramos dioses y diosas y tuviéramos que vivir en chozas de barro y andar en autos viejos y destartalados. Puede resultar muy frustrante y humillante, en especial si nadie nos reconoce. Cuando no nos acordábamos de quiénes éramos, no era tan malo; simplemente lo aceptábamos como lo que nos había tocado en suerte en la vida. Pero ahora que recordamos nuestra verdadera identidad, nos sentimos como atrapados en un mundo extraño.

Esa comprensión puede explicar muchas experiencias que muchos de nosotros tenemos en la vida. ¿Por qué tenemos momentos brillantes de conciencia y claridad y después sentimos que hemos perdido por completo la perspectiva y nos hundimos otra vez en el miedo y el dolor? ¿Cómo es posible que un día nos sintamos llenos de amor, sabiduría y comprensión y al otro día estemos enojados, tontos e intolerantes? ¿Por qué sentimos que "atrapamos" una idea en un taller de reflexión y después la "perdemos" al día siguiente? ¿Cómo es posible que estemos en paz y desapegados mientras meditamos y sin embargo nuestros vínculos afectivos se encuentran atravesando por una de sus peores crisis? ¿Y cómo es que confiamos tanto en la abundancia del universo y seguimos teniendo problemas financieros?

La respuesta es simple: estamos sobrellevando la discrepancia entre el espíritu y la forma. Eso es algo muy difícil de afrontar, un gran desafío. Muchas personas llegan hasta este punto y les cuesta mucho seguir avanzando.

En el camino espiritual tradicional, permanecemos más o menos alejados del mundo. De esa manera, podemos ser sinceros con nuestro espíritu y podemos evitar los apegos y esquemas de nuestra forma. Desafortunadamente, la forma no tiene así la oportunidad de desarrollarse y abandonamos nuestro cuerpo para penetrar en otros reinos. El mundo físico permanece intacto.

Para poder crear el nuevo mundo, tenemos que enfrentar el desafío de volver al mundo de la forma con una plena conciencia espiritual. Necesitamos reconocer la discrepancia que existe entre el espíritu y la forma y luego dejar que el espíritu transforme el cuerpo, la mente y la personalidad en un canal de gran poder y belleza a través del cual pueda expresarse plenamente.

Integración de espíritu y forma

El primer paso en el proceso de transformación consciente de la forma para equipararla con el espíritu consiste en saber reconocer y sentir tanto la conciencia de nuestro espíritu como la conciencia de nuestra forma (personalidad/mente/ego). Es un poco como vivir con dos personas dentro de uno. Quizás estemos a acostumbrados a sentir a una sola de ellas la mayor parte del tiempo y a recibir signos ocasionales de la otra. O quizás oscilemos entre las dos perspectivas. Es como si una de esas dos personas controlara nuestro cuerpo durante un tiempo y nos hiciera adoptar su perspectiva, y luego la otra asumiera el control y de pronto todo se viera diferente.

Yo, por ejemplo, suelo tener ideas creativas para un nuevo proyecto. Tengo una visión intensa de cómo se va a desarrollar y de lo hermoso que será. Todo eso proviene de mi espíritu, por supuesto. Me entusiasmo y me lanzo a hacer planes y todo tipo de acciones para poner en marcha el proyecto. Algunos días o semanas después, me siento agobiada, agotada por el trabajo, frustrada y con ganas de tirar todo por la ventana. Mi espíritu tuvo una visión verdadera, pero yo estaba tratando de lograrla con una rapidez mayor a la que mi forma física podía soportar. Tengo que detenerme y ser realista con respecto a lo que voy a poder hacer. Dejo el proyecto por un tiempo, o bien lo llevo a cabo con más lentitud y prolongo los plazos. Mi espíritu tiende a correr, por eso debe aprender a avanzar a la velocidad que mi forma pueda desarrollar.

El segundo paso consiste en amar y aceptar esos dos aspectos. Ambos forman parte de nosotros; son vitales y hermosos. Sin el espíritu, no podríamos vivir y no seríamos más que cuerpos muertos. Sin la forma, no podríamos estar en el mundo; existiríamos en algún otro reino de la conciencia.

Puede resultarnos frustrante ver que nuestra forma todavía no puede hacer todo lo que quisiera nuestro espíritu. Pero es importante apreciarla como es ahora y dejar que la integración se produzca a su debido tiempo.

Hace algunos años, vivía con un hombre con el que tenía una "relación abierta", es decir que ambos teníamos la libertad de tener otras parejas simultáneas. Tenía la idea espiritual intensa de que podía amar profundamente a alguien y darle la libertad de dejarse llevar por la energía que pudiera sentir por otra persona, y al mismo tiempo tener yo la misma libertad. Por momentos era capaz de hacerlo, y tuve experiencias hermosas en las que sentí un amor incondicional, comunicativo y estimulante, un grado muy profundo de intimidad con mi amante. ¡Hasta quería a sus otras amantes! Pero la mayoría de las veces, sentía celos y sufría mucho, por lo que me di cuenta de que todavía no estaba preparada emocionalmente para vivir mi ideal. Sentí el suficiente respeto por mis sentimientos como para cambiar la situación.

Todavía siento que un día voy a tener la seguridad necesaria en mí misma como para lograr ese equilibrio de profundidad y libertad en los vínculos afectivos. Pero avanzo hacia esa meta con mucha lentitud, al ritmo que mi equilibrio emocional me lo permite. (Ver el capítulo 15 "Vínculos".)

La clave para integrar el espíritu y la forma es aprender a escuchar nuestra intuición y seguir sus consejos. Cuanto más hacemos esto, mayor es la oportunidad que tiene nuestro cuerpo, mente y personalidad para aprender a confiar en el espíritu. A medida que la forma se entregue más al universo y avance junto a él, se volverá más iluminada y más plena de poder.

He aquí un punto muy importante: no se puede obligar a la forma a confiar en el espíritu y a seguirlo sólo a través del deseo de hacerlo. Hay que dejar que se eduque a través de la observación consciente. Es decir que no nos podemos obligar a seguir siempre nuestros sentimientos intuitivos aunque deseemos vivir así. A veces podemos enfrentarnos a un riesgo demasiado grande y aunque nuestro espíritu sabe que todo va a salir bien, nuestra forma se ve paralizada por el miedo. No nos obliguemos a correr el riesgo. Observemos simplemente el proceso y seamos sinceros con nosotros mismos acerca de cómo nos sentimos y de lo que nos ocurre. Así el cambio sobrevendrá de manera natural y espontánea.

Veamos un ejemplo. Imaginemos que estamos con un amigo y que queremos decirle algo pero tenemos miedo de hacerlo por miedo a que pueda enojarse o sentirse herido y nos rechace. Si nos sentimos con el valor suficiente como para decirle lo que pensamos, hagámoslo. Luego observemos lo que ocurre y cómo nos hace sentir esa situación. Es muy probable que nos sintamos con mucha más energía después de esa experiencia.

En cambio, si nos sentimos con demasiado miedo como para hablar, no nos obliguemos a ignorar el miedo. Observemos la imagen de estar con nuestro amigo y no ser del todo sinceros con él. Nos daremos cuenta de que esa situación nos hace sentir una especie de opacidad, una pérdida de energía e incluso rencor hacia nuestro amigo. Tratemos de no juzgarnos por nuestra falta de acción. Recordemos que se trata de un proceso de aprendizaje.

El espíritu siempre nos lleva hacia lo expansivo, lo profundo, el sentirse vivo y una mayor energía. La forma (ego / personalidad) siempre nos impulsa a lo que considera seguro, a no cambiar, lo que generalmente se traduce en una sensación de opacidad, de muerte.

Si logramos observarnos sin juzgarnos, nos daremos cuenta de que cuando confiamos en nosotros mismos y nos dejamos llevar por nuestra energía, nos sentimos mucho mejor. En cambio, cuando tratamos de aplicar nuestros viejos esquemas que nos inculcan el miedo y el freno a nuestros sentimientos, nos sentimos peor. Al cabo de un tiempo, nuestra forma capta el mensaje con claridad y comienza a dejarse llevar por la energía de manera espontánea en lugar de atenerse a los viejos esquemas porque sabe que se sentirá mejor así. Tendremos una forma que avanza por sí sola hacia la luz en todas las situaciones, sin tener que pensar acerca de eso ni controlarlo.

Durante ese proceso, en el que aprendemos a confiar en nosotros mismos, aflorarán muchos sentimientos de antaño y esquemas emocionales profundos que deberemos liberar y sanar. Esta es una parte muy importante del proceso y debemos dejar que ocurra. Pueden venir a la mente viejos recuerdos y experiencias y pueden surgir sentimientos de tristeza, miedo, dolor y culpa. Dejemos que todos esos sentimientos se manifiesten y se purifiquen a través de nosotros y por fin se liberarán. Esos sentimientos surgen al purificar nuestra forma; a medida que la luz del espíritu penetra en cada una de nuestras células, el cuerpo despide la oscuridad que había en él.

A medida que aprendemos a observar de manera

consciente el proceso de transformación, nos vemos repetir muchos de los viejos esquemas aun mucho después de que hemos aprendido a vivir mejor. En el aspecto intelectual y espiritual, nos damos cuenta de que existe otro camino, pero en lo emocional seguimos sujetos a los viejos hábitos. Es un momento difícil, pero tratemos de ser pacientes y tolerantes con nosotros mismos. Cuando reconocemos claramente que alguno de los viejos esquemas ya no nos sirve, ¡es hora de cambiar! Apenas un tiempo después, vamos a empezar a responder de un modo más positivo.

La iluminación de la forma se da a través de un proceso milagroso. A medida que el ego se entrega a confiar en el universo, el espíritu penetra en cada célula del cuerpo y transforma la oscuridad en luz.

Veremos que nuestro cuerpo físico cambia y se vuelve más liviano, más fuerte, más definido, más saludable y más hermoso. Tiene una cualidad translúcida, como si pudiéramos ver realmente la luz que brilla a través de nosotros. Puesto que nuestra vida es una creación nuestra y un espejo de nuestra transformación, todas las formas de nuestra vida —trabajo, dinero, auto, casa, vínculos afectivos, la comunidad, el mundo— expresarán cada vez más el poder y la belleza de nuestro espíritu.

Meditación

Nos ponemos cómodos, nos relajamos y cerramos los ojos. Respiramos hondo varias veces y relajamos cuerpo y mente por completo. Dejamos que nuestra conciencia se desplace a un sitio tranquilo, en lo más profundo de nosotros.

Nos imaginamos que nuestro interior irradia una hermosa luz dorada. Crece y se expande hasta llenar todo nuestro cuerpo. Es muy poderosa y, a medida que nos colma, penetra en cada una de nuestras células y literalmente despierta una a una todas las moléculas a la luz. Imaginamos que nuestro cuerpo brilla e irradia esa luz. Luego vemos y sentimos de qué forma se va transformando nuestro cuerpo, volviéndose más saludable, más fuerte y más hermoso. Imaginemos que todos los demás aspectos de nuestra vida se van transformando de la misma manera.

Ejercicio

Tratemos de observarnos sin juzgarnos y prestemos atención para detectar en qué momento escuchamos a nuestros sentimientos intuitivos y seguimos sus consejos, y en qué momento no. Observemos cómo nos sentimos y qué ocurre en cada una de esas situaciones. Pidamos a nuestro espíritu que aprenda a confiar en la energía y a seguirla cada vez más.

7

EL ASPECTO FEMENINO Y MASCULINO QUE LLEVAMOS DENTRO

Todos tenemos una energía femenina y una energía masculina dentro de nosotros. Creo que uno de los mayores desafíos es el de desarrollar plenamente esas energías para que puedan interactuar en armonía.

Las filosofías orientales han incluido desde siempre el concepto de *yin* (lo femenino/lo receptivo) y *yang* (lo masculino/lo activo) y han afirmado que todo lo que existe en el universo está hecho de esas dos fuerzas. En occidente, Carl Jung fue uno de los primeros en dedicarse a ese tema, a partir de sus conceptos de *anima* y *animus*. Según Jung, los hombres tienen un lado femenino (anima) y las mujeres, uno masculino (animus), aspectos que unos y otros hemos aprendido a reprimir y que debemos recuperar. Jung y sus seguidores han llevado a cabo trabajos muy interesantes a partir de sueños, mitos y símbolos, para ayudar a hombres y mujeres a recuperar esa parte de sí mismos que habían negado. Muchos otros filósofos, psicólogos, poetas, dramaturgos y artistas han expresado también esa idea de que en todo y en todos existe una energía masculina y una femenina.

Como ya dije en la introducción, la persona que más me ayudó a entender los aspectos femenino y masculino de nuestro interior fue Shirley Luthman.

Sus ideas me resultaron tan claras, simples y profundas que literalmente empezaron a revolucionar mi vida. Me di cuenta de que esos conceptos me proporcionaban una herramienta muy útil; podría ver todo lo que ocurría en mi vida o en el mundo desde la perspectiva de las energías femenina y masculina, y de esa manera comprendería mejor lo que realmente estaba sucediendo. Empecé entonces a adaptar y reinterpretar a mi manera las ideas que había aprendido de la filosofía oriental, de Jung y de Luthman y las fui incorporando hasta crear mi propia metáfora. Al compartir esa metáfora con otras personas, veo que la gente realmente se ilumina y tiene la misma reacción que tuve yo: siente que todo se ve tan claro...

Hay quienes se resisten a las palabras "masculino" y "femenino" porque en nuestra cultura existen muchos prejuicios acerca de lo que esas palabras significan y se les otorga una gran "carga" emocional. Por eso podemos sustituirlas por las palabras "yin" y "yang", o cualquier otra.

El aspecto masculino y el aspecto femenino

Concibo a nuestro aspecto femenino como nuestro yo intuitivo. Es nuestra parte más profunda y más sabia. Es la energía femenina que existe en hombres y mujeres por igual. Es el aspecto receptivo, la puerta abierta a través de la cual fluye la inteligencia superior del universo, el extremo receptor del canal. Nuestro aspecto femenino se comunica con nosotros a través de la intuición (por medio de impulsos internos, sentimientos viscerales o imágenes que provienen de lo profundo de nuestro interior). Si no le prestamos atención mientras estamos despiertos, trata de acercarse a nosotros a través de los sueños, las emociones y las sensaciones físicas. Es la fuente de nuestra sabiduría superior y si aprendemos a escucharla con atención en todo momento, será nuestra guía perfecta.

El aspecto masculino se traduce en acción, es decir nuestra habilidad para hacer cosas en el mundo físico, como pensar, hablar, movernos. Nuestra energía masculina es entonces nuestra capacidad de acción y se encuentra presente en todos, hombres y mujeres. Es el extremo del canal que irradia energía. El aspecto femenino recibe la energía creadora universal y el aspecto masculino la expresa al mundo a través de acciones; de esa manera, se cumple el proceso creador.

Nuestro aspecto femenino se inspira en un impulso creador y nos lo comunica a través de un sentimiento, y nuestro aspecto masculino traduce ese impulso en acción y así nos hace hablar, movernos, o hacer lo que nos parezca apropiado.

Tomemos como ejemplo la situación en que un artista se despierta con una idea para un cuadro (una imagen comunicada por su aspecto femenino) e inmediatamente va a su atelier, toma sus pinceles y empieza a pintar (acción que desarrolla su aspecto masculino).

Una madre puede sentirse de pronto muy preocupada por su hijo (advertencia de su aspecto femenino interior) e ir a la otra habitación justo a tiempo para alejar al niño de una estufa encendida (acción que desarrolla su aspecto masculino interior).

Un empresario puede sentir el impulso de querer ver a un socio (consejo de su aspecto femenino interior), llamarlo (acción impulsada por su aspecto masculino interior) y emprender un nuevo negocio.

En todos los casos en que el aspecto femenino se hallaba en unión creativa con el aspecto masculino, se produjo un acto creador: la pintura de un cuadro, el rescate de un niño, un logro comercial. Incluso la simple secuencia de sentir hambre, ir a la cocina y preparar una comida ilustra el mismo proceso.

La unión de la energía masculina con la femenina dentro de un individuo es la base de toda creación. La intuición femenina sumada a la acción masculina equivale a la creatividad.

Para poder llevar una vida creativa y armoniosa, es necesario que tanto la energía masculina como la femenina se encuentren totalmente desarrolladas y que funcionen bien juntas. Para integrar ambas energías, hay que lograr que la energía femenina sea la dominante. Esa es su función natural. Es nuestra intuición, la puerta a nuestra inteligencia superior.

Nuestro aspecto masculino escucha al aspecto femenino y actúa en consecuencia. La verdadera función de la energía masculina es la absoluta claridad y rectitud y una fuerza apasionada que se basa en lo que el universo interior nos dice a través de nuestro aspecto femenino.

—Esto es lo que siento —dice el aspecto femenino.

—Sé lo que sientes —dice el aspecto masculino. ¿Qué quieres que haga al respecto?

—Quiero esto —responde el aspecto femenino.

—Muy bien, te lo conseguiré —dice el aspecto masculino. Y va a buscar lo que el aspecto femenino necesita, con la seguridad de que su deseo emana de la sabiduría del universo.

Recordemos que hablo siempre de un proceso interno que se produce dentro de nosotros. A veces hay quienes externalizan esta idea y creen que estoy pidiendo a los hombres que obedezcan las órdenes que les den las mujeres. Lo que en realidad quiero decir es que todos nos debemos dejar guiar por nuestra intuición y luego seguir sus consejos sin miedo y con decisión.

La naturaleza del aspecto femenino es la sabiduría, el amor y la clarividencia que se expresan a través de los sentimientos y los deseos. La naturaleza del aspecto masculino consiste en emprender acciones arriesgadas para beneficio del aspecto femenino, como un caballero y su dama.

A través de su entrega al aspecto femenino y de las acciones que emprende por su causa, la energía masculina construye una estructura de personalidad dentro de nosotros que protege y honra a la energía sensible de nuestro aspecto femenino intuitivo. Suelo imaginar que mi aspecto masculino está por debajo de mi aspecto femenino o detrás de él, prestándole su apoyo y protección y "dándole aliento". Un hombre quizás tenga la imagen contraria y sienta que su aspecto femenino se encuentra dentro de él o detrás de él, guiándolo, dándole energía, alimento y apoyo. Cuando ambas energías están en armonía y actúan al unísono, se siente algo increíble: un canal sólido, abierto y creativo, por el que fluye energía, sabiduría, paz y amor.

La energía femenina y masculina según los viejos esquemas

Desafortunadamente, no hemos aprendido a dejar que nuestras energías femenina y masculina funcionen en forma natural y desarrollen una buena relación entre sí.

En nuestra cultura, hemos usado nuestra energía masculina (nuestra habilidad para pensar y actuar) para suprimir y controlar nuestra intuición femenina, en lugar de apoyarla y exteriorizarla. A ese uso tradicional de la energía masculina yo lo llamo "viejo aspecto masculino" y existe tanto en el hombre como en la mujer, a pesar de que en el hombre se hace más evidente y externo, y en la mujer, más interno y sutil.

El viejo aspecto masculino es esa parte de nosotros que quiere mantener el control. Le teme muchísimo a nuestro poder femenino porque no quiere rendirse ante el poder del universo. Tiene miedo de perder su identidad individual en esa entrega. Otro nombre que se da al viejo aspecto masculino es el de ego: su función es aferrarse a la individualidad y separarse del resto a cualquier precio. Por eso niega el poder de lo femenino, ya que es una fuerza que impulsa a la unión y la unidad.

En su relación con el viejo aspecto masculino, el aspecto femenino se ve indefenso. Su poder no puede desplazarse al mundo físico sin el apoyo de la acción que debería llevar a cabo el aspecto masculino. Su poder está reprimido y debe manifestarse de manera indirecta a través de alteraciones o síntomas físicos o de manera imprevista y repentina, en crisis emocionales o (en casos extremos) actos de violencia.

En lo externo, hombres y mujeres han representado esos roles. En el rol masculino tradicional, al hombre se le enseña a negar y suprimir a su aspecto femenino interior, a ser como máquina, sin sentimientos, siempre controlado y represor de la mujer (quizá íntimamente le tenga miedo a la mujer, porque le recuerda el poder de su mujer interior, a la que niega todo el tiempo). Como está desconectado de su fuente interna de poder, se siente perdido y solo.

En el rol femenino tradicional, la mujer también aprende a usar su energía masculina para negar y reprimir su poder femenino. Así se vuelve indefensa, dependiente de los hombres, con un gran desequilibrio emocional, y capaz de expresar su poder sólo en forma indirecta, a través de la simulación (teme que los hombres la abandonen si se dan cuenta de lo poderosa que es, por lo que mantiene oculto su poder).

Es importante darse cuenta de que ambos aspectos, el viejo aspecto femenino y el viejo aspecto masculino, existen en los dos sexos. Una mujer que se expresa de la manera tradicional que describimos antes lleva dentro de sí un aspecto masculino controlador y machista que la reprime. Los hombres a los que atrae reflejan esa personalidad masculina y la exteriorizan en su conducta hacia ella. Esa conducta puede ir desde una actitud paternalista y chauvinista a la violencia verbal o física, según la forma en que la mujer se trate a sí misma y lo que crea merecer. Una vez que aprende a quererse y a confiar en sí misma, y empieza a usar su energía masculina interior para darse apoyo, la conducta de los hombres que la rodean refleja ese cambio. Puede ocurrir que cambien al compás de ella o bien que desaparezcan de su vida y sean reemplazados por otros que sepan valorarla y apoyarla, reflejando así la nueva actitud que ella adopta frente a sí misma. Conozco miles de casos como ése.

El hombre machista tradicional lleva dentro de sí una voz femenina histérica que lucha con desesperación para que la escuchen. Atrae a mujeres con poca autoestima, dependientes y con grandes carencias, o bien a aquellas que expresan su poder en forma indirecta a través de la simulación (la "niñita encantadora", la sexy provocativa, la "gata", la infiel). Ese tipo de mujeres refleja la falta de confianza y respeto que él siente por su aspecto femenino interior, ya que no se respetan a sí mismas ni se tienen confianza. A medida que se abra a su propia naturaleza femenina y aprenda a confiar en ella, encontrará en su interior el apoyo, la comunicación y el alimento que le faltaban. Las mujeres que lo rodean reflejarán ese cambio volviéndose más fuertes, independientes, directas y sinceras.

La nueva energía masculina y la nueva energía femenina

El poder femenino, es decir el poder del espíritu, siempre está dentro de nosotros. La forma en que nos conectamos con ese poder depende de lo que determine nuestro ego (nuestra energía masculina). Podemos adoptar varias actitudes: combatir ese poder interno, bloquearlo, tratar de controlarlo y alejarnos, o bien entregarnos y abrirnos a él, aprender a apoyarlo y a actuar juntos.

Tanto en forma individual como colectiva, estamos cambiando de una posición de miedo y control a la entrega y la confianza en la intuición. El poder de la energía femenina está en alza en el nuevo mundo. A medida que esa energía emerge dentro de nosotros y aprendemos a reconocerla y a entregarnos a ella, nuestro viejo aspecto masculino interior se transforma. Emerge una vez más y nace de la energía femenina como un aspecto masculino nuevo, que actuará guiado por su confianza y su amor por la energía femenina. Debe crecer para igualar en poder a la energía femenina y transformarse en el amante que siempre debió ser.

Creo que el nuevo aspecto masculino nació en nuestra conciencia apenas en los últimos años. Antes, habíamos experimentado muy poco la presencia en nuestro cuerpo de la verdadera energía masculina. Nuestro único concepto de lo masculino correspondía al viejo aspecto masculino, a la imagen de una fuerza completamente alejada de lo femenino.

El nacimiento del nuevo aspecto masculino coincide con el nacimiento de la nueva era. El nuevo mundo se construye dentro de nosotros y se refleja a nuestro alrededor a medida que el nuevo aspecto masculino (forma física) emerge del aspecto femenino (espíritu) en todo su esplendor.

Una imagen

De vez en cuando hago un proceso de visualización en el que pido una imagen de mi aspecto masculino y mi aspecto femenino. Cada vez que lo hago, recibo una imagen algo distinta a la anterior que me enseña algo nuevo. Voy a compartir con ustedes una de las imágenes más vívidas porque es una ilustración dramática de una fase de la relación entre el aspecto masculino y el aspecto femenino.

Mi energía femenina parecía una reina hermosa y radiante, que desbordaba de amor y de luz. La llevaban por las calles en litera. La gente se agolpaba en las aceras para verla. Era tan linda, tan abierta y generosa que, a medida que pasaba saludando, sonriendo y arrojando besos a la multitud, todos los que estaban ahí sanaban instantáneamente de todo dolor o limitación.

A su lado, había un guerrero samurai que cargaba una espada. Esa era mi energía masculina. Era evidente para todos que si alguien trataba de atacar a la reina, el guerrero levantaría su espada y mataría al agresor. Por eso nadie se atrevía a atacarla. El guerrero quería demostrar que no dudaba en absoluto en actuar de esa manera, lo que hacía que ella estuviera a salvo y protegida. Por estar completamente a salvo, sin necesidad alguna de esconderse o defenderse, ella estaba libre para ser suave, abierta y generosa y para ofrecer sus dones a todos los que la rodeaban.

Meditación

Nos sentamos o acostamos en una posición cómoda y cerramos los ojos. Respiramos hondo varias veces y relajamos por completo cuerpo y mente. Dejamos que la conciencia se desplace hacia un sitio calmo de nuestro interior.

Dejemos que nos venga a la mente una imagen que represente a nuestro aspecto femenino interior. Esa imagen puede ser la de una mujer, un animal o algo más abstracto, como un color o una forma. Aceptemos la imagen que nos surja espontáneamente.

Miremos la imagen de nuestro aspecto femenino y tratemos de sentir lo que esa imagen representa para nosotros. Prestemos atención a algunos detalles de la imagen, como los colores y las texturas y observemos qué sentimientos nos despierta. Le preguntamos si hay algo que quiera decirnos ahora mismo. Dejemos que se comunique con nosotros a través de palabras, sentimientos o imágenes.

Una vez que recibimos su mensaje y nos sentimos plenos por el momento, respiramos profundamente y dejamos que su imagen se vaya de nuestra mente. Regresamos a un sitio calmo de nuestro interior.

Luego traemos a la mente una imagen que represente a nuestro aspecto masculino. Aquí también es importante que aceptemos cualquier imagen que nos surja. Puede ser la imagen de un hombre real o bien un símbolo abstracto o un color. Exploremos su imagen. Prestemos atención a sus detalles, a su color y su textura, a los sentimientos que nos despierta. Luego le preguntamos si tiene algo que comunicarnos en este momento. Seamos receptivos a sus mensajes, que pueden llegar a través de palabras o de otra forma. Si queremos preguntarle algo, hagámoslo ahora. Tratemos de mantenernos abiertos a cualquier palabra o imagen que recibamos. Si no recibimos respuestas inmediatamente, llegarán más tarde.

Una vez que completemos la comunicación con él, dejemos que su imagen se aleje de nuestra mente. Regresamos a un lugar calmo de nuestro interior.

Por último, convocamos a las dos imágenes —la de

nuestro aspecto femenino y la de nuestro aspecto masculino— al mismo tiempo. Observemos cómo se relacionan. ¿Están en relación entre sí o separadas? Si están relacionadas, ¿qué tipo de relación tienen? Preguntémosles si se quieren transmitir un mensaje entre sí o comunicarnos algo. Nos mantenemos abiertos a lo que llegue a nosotros, ya sea a través de palabras, imágenes o sentimientos. Si tenemos algo que decirles o consultarles, hagámoslo ahora.

Cuando sentimos que nuestra comunicación con ellos ha finalizado, volvemos a respirar profundamente y dejamos que ambas imágenes se alejen de nuestra mente. Volvemos a un lugar calmo de nuestro interior.

Ejercicios

Cerramos los ojos y nos ponemos en contacto con nuestra voz femenina intuitiva.

Le preguntamos lo que quiere. ¿Hay algún regalo que quiera recibir o algo especial que quiera hacer? Cuando nos haya dicho lo que quiere, veremos que nuestro aspecto masculino apoya ese deseo. Vemos de qué manera él hace lo necesario para honrar su necesidad y su deseo.

Cuando abrimos los ojos, hacemos lo posible por seguir los deseos de nuestro aspecto femenino.

8

HOMBRES Y MUJERES

Todos entendemos instintivamente las funciones básicas de la energía femenina y la energía masculina, pero quizá no nos demos cuenta de que ambas existen en todas las personas. En general, tendemos a asociarlas con sus respectivos tipos físicos.

De ese modo, las mujeres se han transformado en símbolos de la energía femenina. Tradicionalmente han desarrollado y expresado la receptividad, la intuición, la sensibilidad y la emoción. Han reprimido en cierta medida la agresividad, la acción directa, el intelecto y la capacidad de desenvolverse en el mundo con firmeza y en forma efectiva.

Los hombres, en cambio, se transformaron en símbolos de la energía masculina. Desarrollaron el intelecto y la capacidad de actuar en el mundo con fuerza, agresividad y decisión; al mismo tiempo, reprimieron y negaron su intuición, sus sentimientos afectivos, su sensibilidad y su capacidad para proveerse de alimento.

Desde esa perspectiva, cada persona es sólo media persona y depende de la otra mitad para su mera existencia. Como no podemos vivir en el mundo sin toda la gama de energías masculinas y femeninas, cada sexo depende del otro para sobrevivir. Los hombres necesitan con desesperación a las mujeres para que les den alimento, sabiduría intuitiva y apoyo emocional y saben inconscientemente que morirían sin eso. Las mujeres han dependido siempre del cuidado y la protección de los hombres en el mundo físico, en el cual no saben cuidarse solas.

Puede parecer un arreglo perfecto —los hombres ayudan a las mujeres y las mujeres a los hombres— excepto por un problema: si no nos sentimos completos como individuos y sentimos que nuestra supervivencia depende de otra persona, vivimos con el temor de perderla. ¿Qué ocurriría si esa persona muriera o nos dejara? Moriríamos con ella, a menos que pudiéramos encontrar a otra persona dispuesta a hacerse cargo de nosotros. Pero, por supuesto, a esa otra persona también podría ocurrirle algo. La vida se transforma así en un estado constante de miedo en el que la otra persona no es más que un objeto para nosotros, una fuente de amor o protección. Debemos controlar esa fuente a cualquier precio: ya sea en forma directa, por la fuerza, o en forma indirecta, a través de diversas manipulaciones. En general eso se da a través de sutilezas: "Voy a darte lo que necesitas para que dependas de mí tanto como yo dependo de ti y sigas dándome lo que necesito".

Así, nuestros vínculos afectivos siempre se han basado en la dependencia y en la necesidad de controlar a la otra persona. Esta situación lleva inevitablemente a que surjan resentimientos y enojos, la mayoría de los cuales reprimimos porque sería demasiado peligroso expresar lo que sentimos y arriesgarnos así a perder a la persona de la cual dependemos. La represión de todos estos sentimientos lleva a la abulia y a la opacidad. Esta es una de las razones por las que muchas parejas empiezan con gran entusiasmo ("¡Guau! Creo que encontré a alguien que de veras me da lo que necesito"), y terminan en el enojo o en el aburrimiento ("No es como yo creía; no me da lo que necesito y perdí mi identidad en esta relación, pero temo dejar a esta persona por miedo a morir si ella no está").

El logro del equilibrio

En los últimos tiempos, los roles fuertemente separados de hombres y mujeres han comenzado a cambiar. En las dos últimas generaciones, cada vez más mujeres han desarrollado y expresado su capacidad para actuar en el mundo. Al mismo tiempo, un número creciente de hombres se ha autoanalizado y ha aprendido a abrirse a sus sentimientos y a su intuición.

Creo que esto ocurre porque desembocamos en una callejuela sin salida con los vínculos afectivos del "viejo mundo" y los conceptos externalizados de lo masculino y lo femenino. Los viejos modelos y modos de hacer las cosas nos resultan muy limitados, y todavía no hemos desarrollado modelos adecuados para reemplazarlos. Es un período de caos y confusión, dolor e inseguridad, pero también de un gran crecimiento. Ya estamos dando un salto hacia el nuevo mundo. Creo que toda clase de vínculos, desde el matrimonio más tradicional hasta las relaciones "abiertas" o las relaciones homosexuales o bisexuales, representan el intento de cada ser por encontrar su equilibrio interno entre sus aspectos femenino y masculino.

Las mujeres han estado tradicionalmente en contacto con su energía femenina pero no la han apoyado con su energía masculina. No reconocían lo que internamente sabían. Siempre actuaron como si fueran indefensas cuando en realidad son muy poderosas. Siempre buscaron una valoración externa (en especial por parte de los hombres), en lugar de valorarse internamente a sí mismas por lo que saben y por lo que son.

Muchas mujeres, entre las que me incluyo, tuvieron siempre una energía masculina muy desarrollada pero la utilizaban a la manera del "viejo aspecto masculino". Yo era muy intelectual, muy activa y me presionaba mucho para hacerme cargo de las responsabilidades del mundo. También tenía una energía femenina muy desarrollada pero nunca la dejaba actuar. En realidad, la ignoraba la mayor parte del tiempo. Protegía mis sentimientos vulnerables y sensibles poniéndome una coraza.

Tuve que aprender a aprovechar esa energía masculina para escuchar y apoyar a mi energía femenina y saber confiar en ella. Eso le permite tener la seguridad y el apoyo que necesita para emerger en plenitud. En apariencia soy más suave, más receptiva y más vulnerable, pero en realidad me siento mucho más fuerte que antes.

La mujer está tratando de aprender a darse por sí misma el apoyo y la valoración que necesita, en lugar de relegar la responsabilidad y buscar un hombre que haga todo por ella. No obstante, se trata de esquemas muy arraigados que han estado en vigencia durante siglos y nos llevará mucho tiempo transformarlos de raíz. La clave está en seguir escuchando y confiando en nuestros sentimientos más profundos y actuar en consecuencia.

Las cualidades que las mujeres han buscado siempre en los hombres (poder, fuerza, responsabilidad, protección, entusiasmo, amor) deben desarrollarse dentro de nosotros. Una fórmula simple puede ser la siguiente: ¡trátese como le gustaría que la tratara un hombre!

Lo interesante es que lo que creamos en nuestro interior se refleja siempre en nuestro exterior. Es la ley del universo. Cuando una mujer desarrolla su aspecto masculino y lo transforma en una fuerza que la apoya y la ama, habrá siempre un hombre (o varios) que reflejará(n) ese apoyo y ese amor. Cuando realmente dejamos de buscar lo que queremos fuera de nosotros mismos, terminamos por lograr todo lo que siempre quisimos.

Por supuesto que ese principio es también válido para los hombres. Los hombres tradicionalmente han estado desconectados de su energía femenina, es decir desconectados del amor, la vida y el poder. Han salido al mundo sintiéndose solos, indefensos y vacíos por dentro, aunque se mostraran poderosos y con todo el control de la situación. (La guerra es un buen ejemplo de la vieja energía masculina en acción, sin la guía y la sabiduría de la energía femenina.) Los hombres buscan el alimento y la conexión con su interior a través de las mujeres, pero una vez que se conecten con su aspecto femenino interior, recibirán un gran caudal de amor desde el interior de sí mismos.

Todas las cualidades que el hombre busca en una mujer (suavidad, calor, fortaleza, sexualidad y belleza) ya existen en su energía femenina interior. Sentirá todo eso cuando aprenda a escuchar y a apoyar a sus sentimientos. Es necesario que respete y honre a la energía femenina interior, dejándose llevar por sus sentimientos. Así todas las mujeres y todas las personas de su vida reflejarán esa integración. Tendrán las cualidades que él siempre soñó y también recibirán de su parte amor, calidez y fortaleza.

En los últimos tiempos, muchos hombres han preferido tener una conexión muy profunda con su energía femenina y, al hacerlo, se han desconectado de su energía masculina. Rechazaron la vieja imagen del hombre machista y no tienen otro concepto de energía masculina con el cual relacionarse. Esos hombres generalmente sienten miedo de su energía masculina porque temen que esa energía emerja con toda la violencia y la insensatez que asocian con la masculinidad; por eso, también rechazan las cualidades positivas masculinas.

Creo que para esos hombres es muy importante incorporar el concepto del nuevo aspecto masculino, que les permitirá dejar fluir libremente la energía masculina, sabiendo que es la energía femenina la que tiene el control y lo dirige con sabiduría. Para que esto ocurra, es preciso que tengan una gran confianza en que su aspecto femenino sabe lo que hace y no dejará que les ocurra nada destructivo.

Los vínculos en el nuevo mundo

Está surgiendo un nuevo concepto de vínculo en el nuevo mundo que se basa en la idea de que toda persona es un todo en sí misma. Es decir que, internamente, cada persona es un ser femenino/masculino perfectamente equilibrado con una gran gama expresiva que abarca desde la receptividad más suave a la acción más fuerte.

En lo externo, la forma de expresión de la mayoría de la gente va a estar determinada por el tipo de cuerpo en el que están (masculino o femenino).

Cuando la gente oye hablar de estas ideas, generalmente teme que nos transformemos en andróginos, que no haya diferencia entre ser hombre y ser mujer. Lo que realmente ocurrirá será todo lo contrario. A medida que las mujeres desarrollen su aspecto masculino y confíen en que él las apoyará y protegerá internamente, más seguras se sentirán para dejar que se abra su aspecto femenino, que es suave, receptivo y hermoso. Las mujeres que conozco que se hallan atravesando por este proceso (entre las que me incluyo) parecen volverse más femeninas y hermosas, aunque estén fortaleciendo sus cualidades masculinas.

Los hombres que se entregan y se abren plenamente a su energía femenina en realidad se reconectan con la energía femenina interior, que agudiza y fortalece sus cualidades masculinas. Lejos de volverse afeminados, los hombres que atraviesan ese proceso parecen más seguros de su masculinidad.

En el nuevo mundo, cuando un hombre se sienta atraído por una mujer, reconocerá en ella a un reflejo de su propio aspecto femenino. A través de ese reflejo, podrá aprender más acerca de su propio lado femenino y superar miedos y barreras para lograr una integración más profunda consigo mismo. Cuando una mujer se enamore de un hombre, verá en él el reflejo de su propio aspecto masculino. En su interacción con él, aprenderá a fortalecer su lado masculino y a confiar en él.

Si tomamos conciencia de que la persona por la que nos sentimos atraídos es un reflejo de nosotros mismos, no dependeremos demasiado de ella porque sabemos que todo lo que vemos en nuestra pareja también está dentro de nosotros. Reconoceremos que la razón por la que comenzamos ese vínculo es la de aprender acerca de nosotros mismos y profundizar nuestra conexión con el universo. Por eso las relaciones saludables no se basan en la necesidad sino en la pasión y el entusiasmo de compartir el viaje que llevará a cada uno a convertirse en un todo en sí mismo.

Vínculos homosexuales

Mis vínculos afectivos siempre fueron heterosexuales, por lo que difícilmente se me pueda considerar una experta en relaciones homosexuales. Sin embargo, conversé y trabajé con muchos amigos y alumnos homosexuales, y creo con firmeza que, a nivel espiritual, las relaciones homosexuales y bisexuales constituyen un gran paso que algunas personas dan para superar viejos estereotipos y roles rígidos para encontrar su verdad.

Para algunos, mantener una relación estrecha e intensa con una o varias personas de su mismo sexo es el proceso de reflexión más poderoso que hayan conocido. A menudo ocurre que dos mujeres, por ejemplo, parecen tener una conexión más profunda entre ellas que la que pueden llegar a tener con un hombre. Emplean su conexión femenina intuitiva para crear una base sólida y un medio seguro para que cada una pueda construir su aspecto masculino interior. Se reflejan y se apoyan mutuamente para lograr la integridad y el equilibrio.

A veces un hombre encuentra en otro hombre una intensidad afectiva, una capacidad para sentir a fondo que no podría encontrar en una mujer. También puede encontrar en otro hombre un apoyo para replegarse sobre sí mismo y explorar su yo femenino sin sentirse obligado a desempeñar el viejo rol masculino estereotipado.

Creo que muchas de estas cosas son misterios que podremos develar a medida que pase el tiempo. Creo que todo ser elige el tipo de vida y de vínculos que pueda ayudarlo a desarrollarse con mayor rapidez.

A medida que sigamos evolucionando, dejaremos de cargar nuestros vínculos afectivos con etiquetas como: homosexuales, convencionales, monógamos, abiertos y otras por el estilo. Llegará un tiempo en el que cada persona será una entidad única con una forma de expresión propia que fluirá en libertad. Cada vínculo afectivo constituirá una conexión única entre dos seres, con su forma y su expresión propias. No hay categorías posibles porque todos somos distintos y cada uno sigue el fluir de su propia energía.

Ejercicio

Pensemos en las mujeres más importantes de nuestra vida. ¿Cuáles son sus cualidades más destacadas o atractivas? Pensemos en que esas cualidades reflejan algunos aspectos de nuestra propia energía femenina (seamos hombres o mujeres).

Ahora pensemos en los hombres más importantes de nuestra vida. ¿Qué es lo que más nos gusta de ellos? ¿Qué es lo que más admiramos de ellos? Pensemos en que reflejan aspectos similares de nuestra propia energía masculina (seamos hombres o mujeres).

Si nos cuesta reconocer que algunas de las cualidades que admiramos en otros también están presentes en nosotros, quizá sea porque todavía no hemos desarrollado esas cualidades con la misma intensidad que ellos. En ese caso, podemos hacer la siguiente meditación.

Meditación

Nos ponemos cómodos. Cerramos los ojos, nos relajamos, respiramos profundamente y con lentitud. Desplazamos la conciencia hacia un lugar profundo y tranquilo de nuestro interior.

Pensemos en una persona que nos resulte atractiva o que nos despierte admiración. Pensemos qué es lo que nos atrae más de esa persona. ¿Reconocemos esas mismas cualidades en nosotros? Si no, tratemos de imaginar que compartimos esas cualidades. Imaginemos cómo sería nuestro aspecto, nuestra manera de hablar y de actuar en distintas situaciones e interacciones.

Si sentimos que son ésas las cualidades que nos gustaría desarrollar más dentro de nosotros, sigamos haciendo esta visualización con asiduidad durante un tiempo.

9

ORIENTE Y OCCIDENTE: UN NUEVO DESAFÍO

Tengo la sensación de que en mi vida anterior fui un asceta espiritual, y que vivía meditando en la cima de una montaña, quizás en la India. Para ese asceta esa forma de vida era cómoda y segura, y en algún lugar dentro de mí aún persiste el deseo de seguir viviendo en esa simplicidad llena de dicha. Sin embargo, sé que esta vez prefiero llevar esa simplicidad a otro nivel, crear un cuerpo y un mundo que estén a la altura de mi espíritu y sean capaces de exteriorizarlo.

Es muy interesante ver al mundo desde la perspectiva de los aspectos masculino y femenino; esa visión me permitió descubrir cosas fascinantes. Por ejemplo, podemos imaginar que el mundo oriental representa el aspecto femenino. Muchas culturas orientales (como la India, China, el Tíbet, el Japón y muchas otras) tienen una tradición espiritual muy antigua y poderosa. Hasta hace poco tiempo, el desarrollo y la fuerza de estas culturas recaían sobre todo en el reino de lo intuitivo y lo espiritual, al menos si se las compara con el mundo occidental. Les faltaba desarrollarse en el terreno físico y, en consecuencia, debieron soportar oleadas de pobreza, caos y confusión.

La energía en el mundo occidental (Europa y los Estados Unidos) es más masculina. Se concentró en el desarrollo de lo físico y prácticamente ignoró el desarrollo espiritual. En consecuencia, hay un gran progreso tecnológico pero, al mismo tiempo, hay una terrible pobreza espiritual y reina un sentimiento de desconexión con la fuente creadora.

Los dos mundos se atraen mutuamente, como un hombre y una mujer, con un cierto grado de miedo y desconfianza y, al mismo tiempo, una atracción irresistible. Las enseñanzas espirituales del mundo oriental están inundando a Occidente y la tecnología occidental está avanzando hacia Oriente. Cada uno ansía lo que tiene el otro.

Una de las imágenes preferidas que guardo de mis viajes a la India es la siguiente: yo estaba en una feria, había dos puestos frente a mí. En uno de los puestos se vendían artesanías tradicionales. Alrededor de ese puesto, había un grupo de europeos y norteamericanos que regateaban con entusiasmo para comprar esos tesoros hermosos. El otro puesto ostentaba con orgullo varios artículos de plástico, como utensilios de cocina, tazones y hasta zapatos. Una larga fila de indios esperaba con infinita paciencia su turno para comprar esas cosas preciosas. Y, por supuesto, ninguno de los grupos le prestaba la menor atención al puesto de al lado.

Oriente y Occidente pueden aprender mucho uno del otro pero, al igual que un hombre y una mujer, cada uno debe encontrar en su propio interior lo que admira en el otro.. Ojalá que los países del Tercer Mundo aprendan de los errores de los países desarrollados y creen una tecnología más armoniosa con el espíritu y con el medio ambiente. La clave está en desarrollar un camino espiritual que nos ayude a convivir con el mundo físico.

Las tradiciones espirituales de Oriente (y las tradiciones occidentales de los comienzos) se basan en el aislamiento como forma de profundizar la conexión con el espíritu. El mundo, con todas sus distracciones y tentaciones es un lugar en el que es muy difícil concentrarse y comprometerse con la verdad interior.

Quienes han seguido con seriedad el camino de la espiritualidad debieron renunciar al mundo y abandonar vínculos afectivos, dinero, bienes materiales, placeres y lujos. Lo ideal era retirarse a un monasterio o a la cima de una montaña para llevar una vida contemplativa y abandonar todo apego al mundo. Aun aquellos que decidieron quedarse en su casa y conservar su familia y su trabajo se imponían reglas y restricciones muy severas, creadas para mantenerlos lo más alejados posible del mundo.

Esa orientación espiritual contemplativa constituyó un paso importante y necesario, pero es un reflejo de la división que hemos establecido entre espíritu y forma, entre nuestro aspecto femenino y nuestro aspecto masculino. Para acercarnos a la espiritualidad debíamos abandonar el mundo físico. La "iluminación" era la razón para resaltar el espíritu a través de la negación de la forma, es decir abandonar la forma para trascenderla. De esa manera, los individuos eran "iluminados" porque habían logrado una total comprensión de su naturaleza espiritual pero no habían iluminado su forma. Al abandonar sus cuerpos, dejaban el mundo sin haberlo transformado. Esos maestros apoyaron y preservaron el principio intuitivo del mundo y nos marcaron el rumbo para que nosotros demos el paso siguiente: la iluminación de la forma y la consecuente transformación del mundo.

Los que elegimos ir en busca de la espiritualidad y la transformación, debemos entrar ahora al mundo con el mismo grado de compromiso hacia nuestro yo espiritual que tendríamos si hubiéramos renunciado al mundo. ¡Es un camino mucho más difícil! Estamos ante el gran desafío de entregarnos totalmente al universo, seguir su guía sin cuestionamientos y, al mismo tiempo, tener vínculos afectivos apasionados y profundos, manejar dinero, ocuparnos de una actividad lucrativa, fundar una familia, hacer proyectos creativos y muchas otras cosas "mundanas". En lugar de evitar nuestros apegos al mundo, ha llegado el momento de enfrentarlos en los niveles más profundos y celulares de nuestro cuerpo. Debemos entrar en ese desafío, penetrarlo, reconocerlo y ser dueños de nuestros sentimientos y apegos, y dejar que se disipen y se transformen a través de nuestro poder espiritual.

Meditación

Nos relajamos, cerramos los ojos y respiramos profundamente varias veces. Cada vez que respiramos, nos internamos un poco más hacia un lugar calmo y profundo de nuestro interior. Desde ese lugar de calma, comenzamos a ver una nueva imagen de nosotros en el universo. Nos concentramos en el universo y nos dejamos guiar por él sin cuestionarnos nada. Confiamos en nosotros. Nos sentimos fuertes y valientes. Llevamos con nosotros un sentido del conocimiento que incorporamos al mundo. Debido a esa confianza y a esa concentración en nosotros mismos, lo que creamos externamente es hermoso. Nuestro mundo nos alimenta a nosotros y a los demás. Tenemos vínculos afectivos profundos y apasionados, tratamos con gente, manejamos dinero, nos ocupamos de nuestra carrera, de nuestro cuerpo y de todo lo que hay a nuestro alrededor.

Podemos estar en el mundo y disfrutar de todas las cosas "mundanas" y, al mismo tiempo, seguimos comprometidos con el universo que está dentro de nosotros. Ese compromiso se refleja en la luz resplandeciente y en el poder que nos rodea.

SEGUNDA PARTE

VIVIR LOS PRINCIPIOS

10

CONFIAR EN LA INTUICION

A la mayoría de nosotros se nos ha enseñado desde niños a no confiar en nuestros sentimientos, a no expresarnos con sinceridad y honestidad, a no reconocer que en lo más profundo de nuestro ser hay una naturaleza generosa, potente y creativa. Aprendemos con mucha facilidad a tratar de complacer a los que nos rodean, a seguir ciertas reglas rígidas de comportamiento, a reprimir nuestros impulsos espontáneos y a hacer lo que se espera de nosotros. Aun cuando nos rebelemos contra esto, quedamos atrapados en nuestra propia rebelión y hacemos lo opuesto de lo que nos ordenan, como un acto reflejo contra la autoridad. Muy rara vez logramos que nos apoyen por confiar en nosotros mismos, por escuchar a nuestra propia verdad interior y por expresarnos de manera directa y sincera.

Cuando nos acostumbramos a reprimir y a desconfiar de nuestra sabiduría interior y a buscar, en cambio, la autoridad, el reconocimiento y la aprobación de otros, acabamos por entregar nuestro poder. Esto nos lleva a sentirnos como víctimas, indefensos, vacíos; quizá sintamos enojo y rabia y, si también reprimimos esos sentimientos, caemos en la depresión y la opacidad. Podemos sucumbir a estos sentimientos, llevar una vida de abulia y desesperación y morir. Podemos compensar esa sensación de impotencia tratando de controlar y manipular la vida de otras personas y el medio ambiente. O quizás explotemos con una furia exagerada y distorsionada por una larga represión. Ninguna de esas alternativas resulta positiva.

La verdadera solución consiste en reeducarnos para saber escuchar las verdades interiores que llegan a nosotros a través de nuestros sentimientos intuitivos y saber confiar en ellas. Debemos aprender a actuar como nuestra intuición nos indica aunque al principio nos resulte riesgoso y atemorizante; lo que ocurre es que ya no estamos haciendo lo seguro, lo que "debemos", lo que complace a los demás, lo que indican las reglas o lo que nos ordena una autoridad externa. Vivir de ese modo implica el riesgo de perder todo aquello a lo que estábamos apegados porque nos daba una sensación de seguridad externa (falsa), pero también significa ganar en integridad, plenitud, verdadero poder, creatividad, y la seguridad real de saber que estamos alineados con el poder del universo.

Cuando digo que nuestra conciencia intuitiva es la fuerza que guía nuestra vida, no estoy sugiriendo que haya que descuidar o eliminar la mente racional. El intelecto puede convertirse en una herramienta maravillosa si se lo usa para apoyar y expresar nuestra sabiduría intuitiva, y no para reprimir la intuición, como se ha hecho hasta ahora. Muchos hemos programado a nuestro intelecto para que dude de la intuición. Cuando aflora el sentimiento intuitivo, nuestra mente racional dice inmediatamente: "No creo que dé resultado", "Nadie lo hace así" o "¡Qué idea tonta!", y se descartan los consejos de la intuición.

A medida que nos internamos en el nuevo mundo, debemos reeducar a nuestro intelecto para reconocer a la intuición como una fuente válida de información y guía. Debemos capacitar a nuestro intelecto para escuchar y expresar la voz de la intuición. El intelecto es disciplinado por naturaleza, y su disciplina nos puede ayudar a pedir y recibir las indicaciones del yo intuitivo.

¿Qué significa confiar en la intuición? ¿Cómo se hace? Significa sintonizar nuestros "sentimientos viscerales" —esa sensación de verdad personal que surge desde lo más profundo de nuestro interior— en todo momento y aplicarlos a todas las situaciones. A veces esos "mensajes viscerales" pueden indicarnos que hagamos algo que nos resulta inesperado o que no condice con nuestros planes previos; quizá nos exijan que confiemos en un pálpito que parece ilógico o nos hagan sentir emocionalmente más vulnerables que de costumbre, o tal vez nos permitan expresar pensamientos, sentimientos u opiniones que no se corresponden con nuestras creencias; quizá sigamos un sueño o una fantasía, o tal vez nos embarquemos en una aventura económica que implique grandes riesgos financieros para lograr algo importante para nosotros.

Es posible que al principio pensemos que confiar en la intuición nos llevará a hacer cosas que pueden parecer irresponsables o dolorosas para otros. Por ejemplo, quizá dudemos en anular una cita aun cuando necesitamos tiempo para nosotros porque tememos lastimar los sentimientos de la persona con la que salimos. Yo descubrí que cuando realmente escucho mi voz interior y confío en ella, a la larga todos los que me rodean se benefician tanto como yo.

A veces ocurre que durante un tiempo la gente suele decepcionarse, irritarse o asombrarse de los cambios en la manera de relacionarnos con nosotros mismos y con los demás. Pero eso se debe a que también estamos impulsando el cambio en las personas que nos rodean. Si tenemos confianza, veremos que los cambios redundarán en su beneficio. (Si nos decidimos a anular la cita, quizá nuestro amigo lo pase muy bien haciendo otra cosa.) Si los que nos rodean no quieren cambiar, es posible que se alejen de nosotros, al menos por un tiempo, por eso debemos estar dispuestos a dejarlos ir. Si tenemos una conexión profunda con ellos, lo más probable es que la recuperemos en el futuro. Mientras tanto, cada cual necesita crecer a su manera y a su propio ritmo. A medida que sigamos nuestro camino, encontraremos gente a la que le gustará nuestra nueva manera de ser y que estará dispuesta a relacionarse con nosotros en esa nueva forma.

Probar una nueva forma de vida

Aprender a confiar en la intuición es un arte y, como todo arte, necesita práctica. No se aprende de un día para el otro. Debemos estar dispuestos a "equivocarnos", a probar algo nuevo, fallar y probar algo distinto la próxima vez, e incluso a atrevernos a pasar por tontos. Nuestra intuición siempre está totalmente en lo cierto, pero hace falta tiempo para aprender a oírla. Si uno está dispuesto a arriesgarse a hacer lo que cree adecuado y a cometer errores, se puede aprender con mucha rapidez prestando atención a lo que sale bien y a lo que no. Si no actuamos por miedo a equivocarnos, aprender a confiar en la intuición puede llevarnos toda una vida.

A veces es difícil distinguir la "voz" de la intuición de las otras "voces" que nos hablan desde nuestro interior: la voz de la conciencia, las voces de nuestra vieja programación y de nuestras viejas creencias, las que expresan las opiniones de las personas que nos rodean, nuestros miedos y dudas y nuestras "buenas ideas".

La gente me pregunta con frecuencia cómo diferenciar la verdadera voz de la intuición de las demás voces. Lamentablemente, no existe un camino simple y que nos garantice un éxito seguro. Casi todos estamos en contacto con la intuición aunque no lo sepamos, pero estamos tan acostumbrados a dudar de ella y a contradecirla que ni siquiera nos damos cuenta de que nos habla. El primer paso consiste en prestar una mayor atención a lo que interiormente sentimos, a ese diálogo interno que se desarrolla dentro de nosotros.

Podemos pensar, por ejemplo: "Tengo ganas de llamar a Jim". Pero de inmediato la voz que expresa nuestras dudas dice: "¿Para qué llamarlo a esta hora? Quizá no esté en su casa". Y así ignoramos nuestro impulso original y no llamamos. Si hubiéramos llamado, habríamos encontrado a Jim en su casa y nos habríamos enterado de que tenía algo importante que decirnos.

Veamos otro ejemplo. En medio de las actividades diarias podemos sentir lo siguiente: "Estoy cansada/o. Me gustaría descansar un rato". Pero inmediatamente pensamos: "No puedo descansar ahora. Tengo mucho trabajo". Entonces tomamos café para despertarnos y seguimos trabajando todo el día. Al terminar el día, nos sentimos desgastados e irritables; en cambio, si hubiéramos confiado en nuestro impulso, podríamos haber descansado durante media hora, lo que nos habría permitido seguir trabajando descansados y con eficiencia, para terminar el día en equilibrio.

A medida que tomamos conciencia de ese sutil diálogo interior entre nuestra intuición y nuestras otras voces interiores, es importante no autocriticarnos ni subestimar la experiencia. Tratemos de observarnos de un modo más o menos objetivo. Prestemos atención a lo que ocurre cuando nos dejamos guiar por nuestros sentimientos intuitivos. Veamos de qué manera aumenta nuestra energía, nuestro poder y la sensación de que todo fluye. Luego observemos lo que ocurre cuando dudamos de nuestros sentimientos, o bien los reprimimos o contradecimos. Veremos que nuestra energía disminuye, nos sentiremos impotentes o indefensos y experimentaremos dolor físico y/o emocional. De una u otra manera, aprenderemos algo; por eso, no debemos criticarnos por no dejarnos llevar por la intuición (lo que agravaría aún más el daño sufrido). Recordemos que aprender nuevas costumbres lleva mucho tiempo, ya que los viejos hábitos están profundamente arraigados. He trabajado con gran intensidad durante muchos años para lograr mi propia reeducación y, aun cuando he logrado resultados muy positivos, todavía hay momentos en los que me falta la valentía o la conciencia necesarias como para confiar en mí y hacer exactamente lo que siento. Estoy aprendiendo a ser paciente e indulgente conmigo misma a medida que fortalezco la confianza en mí.

Un paso importante para aprender a escuchar a nuestra intuición y a dejarnos guiar por ella consiste en "registrarnos" con asiduidad. Tratemos de relajarnos durante un momento (o más si es posible) para escuchar a nuestros sentimientos viscerales por lo menos dos veces por día (lo ideal sería hacerlo una vez por hora). Cultivemos este hábito de hablarle a nuestro yo interior. Pidamos ayuda y orientación cuando lo necesitemos y tratemos de escuchar las respuestas, que pueden llegar en muchas formas: en palabras, imágenes, sentimientos, o bien a través del impulso de acercarnos a una fuente exterior, como por ejemplo un libro, un amigo o un maestro, que puedan enseñarnos precisamente lo que necesitamos saber. Nuestro cuerpo nos ofrece una gran ayuda para aprender a escuchar a nuestra voz interior. Cada vez que siente un dolor o una molestia, por lo general nos está indicando que hemos ignorado nuestros sentimientos. Considerémoslo como un signo para entrar en sintonía y preguntar lo que necesitamos saber.

A medida que aprendemos a vivir como nos lo indica la intuición, dejamos de tomar decisiones con la cabeza. Vivimos el momento y actuamos de acuerdo a lo que sentimos, dejando que las cosas se desenvuelvan sobre la marcha. De esa manera, avanzamos en la dirección más adecuada para nosotros. Tomamos las decisiones con facilidad y naturalidad, y no es necesario que tratemos de tomar grandes decisiones acerca del futuro. Tratemos de dejarnos llevar por la energía del momento y veremos que todo se resolverá a su debido tiempo y del modo más adecuado. Si es indispensable que tomemos una decisión con respecto al futuro, debemos obedecer a nuestros sentimientos intuitivos en el momento en que debamos tomar la decisión.

Recordemos también que a pesar de que a veces hablamos de escuchar a nuestra voz interior, la mayoría de la gente no experimenta esta presencia literalmente como una voz. En general, se parece más a un sentimiento simple, a una energía, a la sensación de decirnos "Quiero hacer esto" o "no quiero hacer lo otro". No lo transformemos en algo misterioso y místico, en una voz que surge desde lo alto. Es una experiencia humana natural y simple con la que hemos perdido el contacto y a la que es preciso recuperar.

El signo principal de que nos estamos dejando llevar por la intuición es que nos sentimos más vivos. Sentimos que nos fluye más energía por el cuerpo. Es posible que por momentos nos sintamos agobiados, como si nuestro cuerpo recibiera más energía de la que puede soportar. Quizás incluso nos sintamos cansados debido a que circula por nuestro cuerpo demasiada energía. Nuestro cuerpo no nos permitirá incorporar más energía de la que pueda soportar, pero quizá nos haga sentir un poco tensos pues precisa expandir su capacidad para canalizar la energía universal. Lo único que debemos hacer es relajarnos y descansar cuando sea necesario. Pronto nos sentiremos más equilibrados y comenzaremos a disfrutar de esa intensidad creciente.

Al principio, tal vez nos parezca que cuanto más actuamos según nos lo indica la intuición, más se desintegran las cosas de nuestra vida: tal vez perdamos el empleo, una pareja, algún amigo y hasta es posible que se descomponga nuestro auto. Lo que en realidad ocurre es que estamos cambiando con gran rapidez y nos vamos deshaciendo de aquello que ya no se ajusta a nuestra forma de ser. Mientras no supimos desapegarnos de lo que nos bloqueaba, fuimos sus prisioneros. Ahora, a medida que seguimos en nuestro camino, dejándonos llevar por la energía en todo momento, veremos que se crean nuevas formas. Sucederá fácilmente y sin esfuerzo. Todo estará en su lugar y se nos abrirán las puertas de un modo casi milagroso. Seguiremos haciendo sólo lo que nuestra energía nos permita, y dejaremos de lado aquello que supere nuestras fuerzas; disfrutaremos y podremos ver literalmente que el universo crea formas nuevas a través de nosotros. Empezaremos a experimentar la alegría de ser canales creativos.

Ejemplos específicos

He aquí algunos ejemplos, tomados de mi vida personal y de las experiencias de mis alumnos y amigos, del tipo de situaciones con que podemos enfrentarnos por seguir a nuestra intuición. Las palabras que figuran entre paréntesis representan los pensamientos y sentimientos que antes nos habrían llevado a la inacción o a no confiar en la intuición.

—Irnos de una fiesta o de una reunión porque en realidad no queremos estar ahí (a pesar de que nos atemoriza lo que puedan pensar los demás, o bien tememos perdernos algo bueno).

—Decirle a alguien que nos atrae, o que nos gustaría conocerlo más, o que lo queremos, o cualquier otra cosa que sintamos porque nos hace bien ser abiertos y decir la verdad (a pesar de que tenemos miedo de que nos rechace y de sentirnos vulnerables; además, no es lo que se espera de nosotros).

—Decidir que no vamos a hacer la tesis de licenciatura porque realmente no nos interesa demasiado; cada vez que pensamos en que debemos hacerla, lo sentimos como una carga (a pesar de que estudiamos durante cinco años y nuestros padres se sentirán muy molestos si no nos graduamos; además, ser graduados universitarios nos permitiría tener prestigio y conseguir un trabajo mejor).

—Tomar clases de canto, de música y de danzas porque fantaseamos con saber cantar, tocar un instrumento o bailar (a pesar de que no creemos tener ningún talento, ya no estamos en edad de hacerlo o bien tenemos miedo al ridículo).

—No ir a trabajar sólo porque tenemos ganas de pasar un día tranquilo en casa, tomar sol, salir a caminar, o quedarnos en la cama (a pesar de que siempre vamos a trabajar y nos parece una irresponsabilidad terrible faltar al trabajo a menos de que estemos realmente enfermos, o tenemos miedo de perder el empleo, o pensamos que sería una tontería o una frivolidad).

—Dejar el trabajo porque no nos gusta y porque nos damos cuenta de que en realidad no tenemos por qué hacer algo que no nos gusta (a pesar de que no sabemos lo que vamos a hacer y el dinero que tenemos no nos durará mucho tiempo, y nos sentimos inseguros ante la idea de no contar con un sueldo fijo).

—No hacer un favor a alguien que nos lo pidió porque en realidad no queremos hacerlo y sabemos que acceder a ese pedido nos causaría resentimiento (a pesar de que nos sentimos egoístas, o tenemos miedo de perder a un amigo o de tener problemas con un compañero de trabajo).

—Gastar un poco de dinero en algo especial para

nosotros o para otra persona porque sentimos el impulso de hacerlo y nos hace sentir bien (a pesar de que en general somos muy moderados en los gastos y tememos que no nos alcance el dinero).

—Decir lo que pensamos, porque ya estamos hartos de simular estar siempre de acuerdo con todo el mundo (a pesar de que normalmente no nos atreveríamos a expresar nuestra opinión).

—Decirle a toda la familia que no vamos a preparar la cena porque no tenemos ganas (a pesar de que nos sentimos unas malas esposas y madres, y tenemos miedo de que los demás ya no nos necesiten y de que eso nos haga perder la identidad).

—No tomar una decisión porque todavía no estamos seguros de lo que en realidad sentimos (a pesar de que estar indecisos nos hace sentir incómodos y desequilibrados).

—Emprender nuestro propio negocio porque interiormente sentimos que somos capaces de hacerlo (a pesar de que nunca antes habíamos hecho algo así).

Estos ejemplos nos dan una idea de cómo funciona la intuición. Confiar en la intuición significa sintonizar la energía que sentimos con la mayor profundidad posible y seguir esa energía en todo momento, confiando en que nos llevará adonde queremos ir y en que nos brindará todo lo que deseamos. Significa ser nosotros mismos, ser reales y sinceros en la comunicación con los demás, estar dispuestos a probar cosas nuevas porque nos hacen sentir bien, hacer lo que nos entusiasme.

Personas muy intuitivas

Muchas personas tienen muy desarrollado su aspecto intuitivo; están siempre en contacto con su intuición pero tienen miedo de traducirla en acción. Es común que ese tipo de personas se deje llevar por sus impulsos intuitivos sólo en un área específica de su vida. En este grupo se encuentran muchos músicos, artistas, actores y personas creativas en general. Confían mucho en su intuición y se dejan guiar por ella en lo relacionado con su actividad artística, y por eso son muy creativos y productivos; pero no tienen el mismo grado de confianza en sí mismos ni la misma voluntad de respaldar sus sentimientos con la acción en otras áreas de su vida, en especial en sus vínculos afectivos y en cuestiones de dinero. Así tenemos el caso típico del artista caótico y con un gran desequilibrio emocional, incapaz en lo financiero y al que incluso explotan.

Un ejemplo clásico de este problema se ve en la película *El ocaso de una estrella* (Lady Sings the Blues), basada en la vida de la gran cantante Billie Holliday. En una escena, se la muestra con su grupo en una gira agotadora por los EE.UU. Está exhausta y quiere volver a su casa para ver a su marido y descansar. Decide cancelar la gira y seguir su impulso. Sin embargo, sus representantes logran convencerla de que esa cancelación arruinaría su carrera, y de que debe seguir adelante. Muy poco tiempo después de haber cedido ante sus argumentos, cae en la droga. A partir de ese momento su vida declina trágicamente.

Por supuesto que una vida no se arruina sólo a partir de un incidente como ése, pero la película constituye una ilustración gráfica del modo en que muchos artistas resignan su autoridad y se dejan llevar por los que los rodean, lo que les produce un conflicto interno y una sensación de dolor y de pérdida de poder. Para poder lograr el equilibrio, deben aprender a confiar en su intuición en todas las áreas de su vida.

Las personas que poseen capacidades psíquicas, como los médiums, tienen el mismo problema. Son muy abiertas, receptivas e intuitivas, y no bloquean esas cualidades como lo hemos hecho muchos de nosotros. Incluso pueden llegar a dar rienda suelta a su intuición en su trabajo o bajo ciertas condiciones. El problema es que no confían plenamente en su intuición en todas las situaciones de su vida, en especial en el área de las relaciones personales. Están demasiado abiertas a las energías de las demás personas y a menudo no saben mantenerse conectadas con sus necesidades y sentimientos individuales ni cómo afirmarse y poner límites. Según mi experiencia, las personas que son tan sensibles en general tienen problemas físicos, ya sea un exceso de peso o una enfermedad crónica. Se sanan cuando aprenden a equilibrar su naturaleza receptiva e intuitiva con una voluntad igualmente desarrollada de traducir sus sentimientos en acción y afirmarse en sus relaciones personales.

Muchas personas que se dedican a la búsqueda de la espiritualidad y han pasado mucho tiempo meditando, cultivando su sensibilidad y manteniéndose sintonizados con su energía interior también sufren el desequilibrio. Esta clase de personas tienen una imagen muy fuerte de lo que significa ser "espiritual": ser generoso, abierto y centrado. Quieren llevar a la práctica ese modelo en todo momento y por eso sienten miedo de actuar en forma espontánea y de expresar sus sentimientos con sinceridad porque temen reaccionar con rabia, desconsideración, egoísmo o falta de generosidad.

Ninguno de nosotros está totalmente iluminado aún; por eso, a medida que nos arriesgamos a expresarnos con más libertad y sinceridad, nuestras reacciones pueden ser descorteses, equivocadas, tontas o descabelladas. A medida que aprendemos a seguir el impulso de nuestros sentimientos internos, desaparece todo lo que nos bloqueaba y en ese proceso aflora a la superficie gran parte de "lo viejo" y se libera. Muchas viejas creencias y patrones de conducta emocional salen a la luz y se sanan. En ese proceso, debemos estar dispuestos a enfrentar y revelar nuestro inconsciente (de todos modos, en el momento en que lo vemos ya está cambiando). Si simulamos estar más "unidos" de lo que realmente estamos, perderemos la oportunidad de sanarnos. Ese es un sentimiento muy vulnerable y difícil de controlar. No debemos preocuparnos demasiado por saber si estamos haciendo lo correcto, por la manera en que nos presentamos ante los demás o la forma en que miramos a los que nos rodean. Sólo debemos ser nosotros mismos y aceptar que somos una mezcla de conciencia iluminada y limitaciones humanas.

No es necesario ser perfecto para convertirse en un canal del universo. Hay que ser real, ser uno mismo. Cuanto más reales, sinceros y espontáneos somos, mayor es la libertad con que fluye la fuerza creativa a través de nosotros. A medida que fluye, va disipando los restos de lo que nos bloqueaba. Lo que surja puede resultarnos desagradable o hacernos sentir incómodos, pero la energía que fluye dentro de nosotros nos hace sentir muy bien. Cuanto más dejamos fluir la energía, más libre está nuestro canal y lo que surge a través de él es una expresión cada vez más perfecta del universo.

Recordemos también que algunos de nuestros modelos no nos presentan una imagen muy precisa de la iluminación sino que son más bien un reflejo de nuestras "buenas ideas". La imagen de la persona que es dulce, positiva y generosa todo el tiempo, imagen a la que muchos aspiran, no es más que un reflejo de la necesidad del propio ego de sentirse dominante, generoso y correcto. El universo tiene muchos colores, estados de ánimo, velocidades, estilos y direcciones; además, cambia todo el tiempo. Lograremos experimentar el éxtasis de ser verdaderos canales del universo sólo si soltamos el control de nuestro ego y nos arriesgamos a dejarnos llevar por ese fluir.

Ejercicio

1. Vamos a escribir todas las razones que se nos ocurran para no confiar en la intuición. En esa lista incluimos todos los temores que sentimos acerca de lo que podría ocurrirnos si confiáramos en la intuición y nos dejáramos llevar por ella todo el tiempo.
2. Repetimos la meditación que figura al final del capítulo 3 ("Intuición").
3. Por lo menos dos veces por día (o más, si podemos) nos vamos a tomar un minuto para relajarnos y "registrar" nuestros sentimientos intuitivos para saber si estamos haciendo lo que realmente queremos.
4. Durante un día o una semana, vamos a suponer que nuestros sentimientos intuitivos están completamente en lo cierto y vamos a hacer lo que ellos nos indiquen.

11

SENTIMIENTOS

Uno de los problemas más comunes que surgen en mi trabajo es que muchas personas no están en contacto con sus sentimientos. Lo considero un reflejo de mí misma; por eso trabajar con otros para ayudarlos a sentir y a expresar lo que sienten me ayudó mucho a entrar en contacto con mis propios sentimientos. Cuando reprimimos y acallamos nuestros sentimientos, no podemos entrar en contacto con el universo que está dentro de nosotros, no oímos nuestra propia voz y, por cierto, no disfrutamos de estar vivos.

Muchos no tuvimos un gran apoyo emocional durante nuestro crecimiento. Nuestros padres no sabían cómo sustentar sus propios sentimientos, mucho menos los nuestros. Quizás estaban demasiado agobiados por sus dificultades y responsabilidades como para darnos la respuesta emocional y el cuidado que necesitábamos.

Sin importar los motivos, si sentimos que nadie nos escucha ni se preocupa por nuestros sentimientos, o si obtenemos una reacción negativa cuando nos expresamos, pronto aprendemos a reprimir nuestras emociones. Si reprimimos lo que sentimos, bloqueamos la energía vital que fluye por nuestro cuerpo. La energía de esos sentimientos que no llegan a "sentirse" ni a expresarse permanece bloqueada en nuestro cuerpo y causa molestias emocionales y físicas e incluso puede provocar enfermedades y malestares. Nos volvemos apáticos.

Me encuentro todos los días en mis talleres y en mi consultorio con gente que ha bloqueado sus sentimientos a lo largo de su vida. Mucha gente tiene miedo de sentir emociones "negativas" como la tristeza, el rencor, el enojo, el miedo y la desesperación. Tienen miedo de abrirse a estos sentimientos porque temen que sus emociones puedan abatirlos. Sienten terror ante la perspectiva de entrar en esa experiencia y permanecer en ella para siempre.

En realidad, sucede lo contrario. Cuando estamos dispuestos a experimentar un sentimiento en especial, la energía que permanecía bloqueada se libera con rapidez y el sentimiento se disipa. Cuando atiendo a alguien que reprime sus emociones, lo ayudo a que dé rienda suelta a sus sentimientos y a que se deje abatir por ellos. Una vez que se permiten sentirlos y expresarlos, en general sus sentimientos se disipan en seguida. Es sorprendente ver que personas que durante treinta, cuarenta o cincuenta años han reprimido un sentimiento doloroso pueden liberarse de él en unos momentos y sentirse en paz.

Una vez que hayamos experimentado y liberado las emociones reprimidas desde el pasado, un mayor fluir de energía y vitalidad enriquecerá nuestra vida. Es importante aprender a entrar en contacto con nuestros sentimientos a medida que afloran: de esa manera, pueden seguir atravesando nuestro canal y éste quedar sin obstrucciones.

Las emociones son cíclicas por naturaleza y, como el tiempo, cambian constantemente. Durante una hora, un día o una semana, podemos experimentar una amplia gama de sentimientos. Si comprendemos esto, podemos aprender a disfrutar de todos nuestros sentimientos y dejar que sigan cambiando. Pero cuando sentimos miedo de ciertos sentimientos como la tristeza o el enojo, pondremos en funcionamiento nuestros frenos emocionales. No queremos sentirlos del todo, por eso nos detenemos a mitad de camino y nunca logramos superarlos.

La gente que participa de mis talleres quiere aprender a pensar "en positivo" para no sentirse tan trabados en sus sentimientos negativos. Se sorprenden mucho cuando les pido que experimenten con mayor intensidad esos sentimientos negativos en lugar de rehuirles. Sólo nos sentiremos libres y en plenitud si aprendemos a querer y a aceptar todos nuestros aspectos.

Tenemos una tendencia a considerar ciertos sentimientos como "dolorosos" y por eso queremos evitarlos. Sin embargo, descubrí que el dolor es en realidad una resistencia a la sensación. El dolor es un mecanismo de nuestro cuerpo que nos ayuda a evitar el daño físico. Si tocamos una estufa caliente, sentimos dolor; ese dolor es una resistencia a la sensación de calor que experimentamos. Nos hace alejar la mano y así evitamos lastimarnos.

En el plano físico, entonces, el dolor es un mecanismo útil para alejarnos del peligro. Sin embargo, si una sensación no es realmente peligrosa, nos relajamos y el dolor disminuye y desaparece. Por ejemplo, si estiramos un músculo más de lo usual, al principio sentiremos dolor, pero si mantenemos la posición y tratamos de relajar el músculo con suavidad y equilibrio, el dolor desaparecerá. Si una parturienta resiste la intensa sensación que experimenta, siente dolor; en cambio, si se relaja, sentirá menos dolor.

En el plano emocional, es nuestra resistencia a ciertos sentimientos lo que nos causa dolor. Si reprimimos un sentimiento porque tenemos miedo de él, esto nos provocará dolor emocional. Si nos permitimos sentirlo y aceptarlo plenamente, se convertirá en una sensación intensa pero no dolorosa.

Los sentimientos no son "negativos" ni "positivos" en sí mismos; somos nosotros los que los hacemos negativos o positivos al rechazarlos o aceptarlos. Los sentimientos forman parte de la sensación siempre cambiante de estar vivos. Si amamos todos los sentimientos, se transformarán en los colores del arco iris de la vida.

A continuación presentamos algunas de las emociones a las que la gente parece temerles más, y algunas explicaciones acerca de cómo superarlas:

Miedo — Es muy importante reconocer y aceptar nuestros miedos. Si aceptamos que sentimos miedo y no tratamos de forzarnos a no prestarle atención, nos sentiremos más seguros y el miedo disminuirá.

Tristeza — La tristeza se relaciona con la apertura del corazón. Si nos damos permiso para estar tristes, y en especial si podemos llorar, sentiremos que nuestro corazón se abre más y que podemos sentir más amor.

Duelo — Es una tristeza muy intensa que se relaciona con la muerte o la terminación de algo. Es muy importante que atravesemos este período en forma completa, sin interrumpirlo. El duelo puede durar mucho tiempo, o bien volver en forma periódica durante un largo tiempo. Debemos aceptarlo y darnos el respaldo necesario para sentirlo cada vez que aparezca.

Rencor — Sentirse agraviado es una expresión de vulnerabilidad. Tenemos una tendencia a disfrazar esa sensación con una actitud defensiva y echándole la culpa a los demás para no admitir lo vulnerables que nos sentimos. Es importante ser directos al expresar que estamos ofendidos y, si es posible, sin inculpar (en otras palabras, una expresión como: "Me sentí muy ofendida porque no me invitaste a ir contigo" es mejor que decir: "No te importan mis sentimientos. ¿Cómo puedes ser tan insensible?").

Desesperanza — Se relaciona con la derrota. La pérdida de la esperanza es un signo de que nuestro ego se ha dado por vencido. Reconocemos que ya no nos sirve ninguno de nuestros viejos esquemas. Si realmente nos damos por vencidos y nos permitimos sentir todo el peso de la desesperanza, lograremos al fin una sensación de paz y un nuevo nivel de entrega al universo.

Enojo — Cuando reprimimos nuestro verdadero poder y nos dejamos dominar por los demás, nos enojamos. En general, reprimimos nuestro enojo y enmudecemos. Al retomar el contacto con nuestro poder, lo primero que sentimos es ese enojo acumulado. Por eso, para mucha gente que se vuelve más consciente es un signo muy positivo entrar en contacto con su enojo. Significa que recuperan su poder.

Si a lo largo de nuestra vida no nos permitimos estar enojados, comenzaremos a generar situaciones de conflicto y a relacionarnos con gente que nos despierta enojo. No debemos concentrarnos en el problema externo sino permitirnos sentir el enojo y reconocer que es nuestro poder. Visualicemos un volcán en erupción dentro de nosotros, que nos llena de poder y energía.

A menudo sentimos miedo de nuestro enojo porque tememos que ese enojo nos vuelva destructivos. Si sentimos ese miedo, dejemos que el enojo crezca dentro de nosotros y tratemos de crear situaciones seguras en las que podamos expresarlo, ya sea en soledad, con un terapeuta o bien con un amigo. Dejemos que el enojo nos haga despotricar y rabiar, patear y gritar, tener una rabieta, arrojar o golpear almohadas o lo que se nos ocurra. Una vez que hayamos hecho esto en un medio seguro (quizá sea necesario hacerlo con frecuencia), ya no sentiremos miedo de hacer algo destructivo y podremos manejar las situaciones de nuestra vida con mayor efectividad.

Las personas que se han enojado mucho a lo largo de su vida y que han podido expresarlo deben descubrir el rencor que subyace a ese enojo y expresarlo. Quienes se enojan mucho en realidad están usando el enojo como una defensa para no sentirse vulnerables.

Una clave importante para transformar el enojo en aceptación del propio poder es aprender a afirmarnos. Debemos aprender a pedir lo que queremos y a hacer lo que queremos para no dejarnos dominar por los demás. Cuando dejemos de entregar nuestro poder a los que nos rodean, dejaremos de sentir enojo.

La aceptación de nuestros sentimientos esta directamente relacionada con nuestra transformación en canales creativos. Si no dejamos que nuestros sentimientos fluyan, nuestro canal va a permanecer obstruido. Si hemos ido acumulando muchas emociones, hay en nuestro interior muchas voces que gritan y no nos dejan oír la voz de la intuición.

A veces se necesita ayuda para experimentar y liberar los viejos bloqueos emocionales y aprender a vivir de acuerdo a lo que sentimos. En caso de necesitar ayuda, se puede recurrir a un buen terapeuta o a un grupo que practique la terapia entre pares (en la que los participantes se aconsejan unos a otros). Al buscar un terapeuta, es conveniente inclinarnos por una persona de la que tengamos buenas referencias, y si es preciso podemos pedir entrevista con varios profesionales antes de decidirnos. Hay que tratar de encontrar un terapeuta que esté en contacto con sus sentimientos y que se relacione con nosotros de manera directa y sincera.

Ya sea que busquemos o no una ayuda profesional, hay que tratar de preguntarse varias veces al día cómo nos sentimos y convertir esta práctica en un hábito. Tratemos de diferenciar entre lo que pensamos y lo que sentimos (a mucha gente le cuesta mucho establecer esa diferencia). Aceptemos y disfrutemos al máximo de nuestros sentimientos y ellos nos abrirán las puertas a una vida plena, rica y apasionada.

Ejercicio

Por la mañana, al despertar, cerramos los ojos y concentramos la atención en el centro de nuestro cuerpo: en el corazón, la boca del estómago, el abdomen. Nos preguntamos cómo nos sentimos en lo emocional. Tratemos de distinguir entre los sentimientos y los pensamientos. Nos preguntamos entonces si nos sentimos en paz, nerviosos, ansiosos, tristes, enojados, alegres, frustrados, culpables, generosos, solos, realizados, serios o con ganas de reírnos.

Si hay algún sentimiento de tristeza o molestia dentro de nosotros, penetramos en lo profundo de ese sentimiento y le ponemos una voz. Le pedimos que nos hable y que nos diga lo que siente. Tratemos de oír esa voz y de escuchar su punto de vista. Seamos comprensivos, generosos y alentadores con nuestros sentimientos. Debemos preguntarnos si hay algo que podamos hacer para cuidarnos más.

Vamos a repetir este ejercicio antes de irnos a dormir y en cualquier otro momento del día.

12

EL TIRANO Y EL REBELDE

El tirano y el rebelde son dos aspectos de la personalidad que pude identificar en muchas de las personas con las que trabajo. El tirano es la voz interior que nos ordena lo que debemos hacer y lo que no. Representa todas nuestras reglas y expectativas rígidas. Es una voz dominante y exigente. El rebelde es la parte de nosotros que se niega a hacer cualquier cosa que se le ordene. Reacciona con total rebeldía hacia cualquier influencia dominante y no confía en nadie. Cuando el tirano dice: "Haz esto", el rebelde contesta: "De ninguna manera".

El rebelde se desarrolla en los primeros años de la infancia en respuesta a las presiones y exigencias de las autoridades externas (padres, maestros, iglesia). Cuando éramos niños, el rebelde trataba de proteger nuestros sentimientos negándose a creer en lo que nuestra intuición consideraba falso. Por ejemplo, si no estábamos de acuerdo con lo que nuestros padres habían planeado para nosotros, nuestro rebelde se negaba a colaborar (ya sea con una oposición directa o a través de la resistencia pasiva). El rebelde se ocupaba de apoyar nuestras necesidades y de mantener viva nuestra personalidad.

En algunas personas, el rebelde prevalece. Los niños que tuvieron padres y otras autoridades muy dominantes y exigentes y se vieron obligados a complacer a los demás seguramente perdieron su identidad, o bien tuvieron que defender sus necesidades y deseos todo el tiempo, por lo que se los tachó de rebeldes y poco voluntariosos. Por ejemplo, el niño que tuvo un padre autoritario, que trataba de controlar todas y cada una de sus acciones (el tirano externo), tuvo que desarrollar un rebelde fuerte para asegurarse la supervivencia de su individualidad. Otro ejemplo es el de la niña que se crió en una familia de alcohólicos y tuvo que desarrollar un rebelde interior para protegerse de las incoherencias del medio. Como no podía confiar en ninguno de los que la rodeaban, aprendió a no confiar en nadie. El rebelde excesivamente desarrollado se transforma en un problema si empezamos a rebelarnos contra todo y contra todos. El rebelde aprende a desconfiar de todo lo que tenga el menor atisbo de ser dominante, incluso de nuestras exigencias internas (el tirano interior). Puede ocurrirnos, por ejemplo, que en el trabajo el jefe nos dé una orden muy razonable y sin embargo nos enojemos y nos neguemos a hacer lo que se nos pide; en otra situación, podemos proponernos no comer torta y, sin embargo, terminar comiendo tres porciones; o quizá hayamos planeado hacer gimnasia todas las mañanas y finalmente nos quedemos dormidos.

Nuestro tirano interior se desarrolla al escuchar las voces exigentes de los que nos rodean. Si estamos rodeados por padres, maestros y otras autoridades con ideas fijas sobre cómo debemos comportarnos, aprendemos a tratarnos de la misma manera. Internalizamos esas voces y nos volvemos exigentes. Hemos aprendido que el tirano interior nos resulta muy efectivo para obtener logros externos. Por ejemplo, un niño que tiene padres exigentes puede tener excelentes calificaciones. Entonces aprende a internalizar esas expectativas, lo que lo llevará a obtener grandes logros en el mundo externo.

Otra de las razones por las que desarrollamos un tirano interior es que además de permitirnos obtener la aprobación de los demás, el tirano interior nos permite defendernos de los tiranos externos. Si nosotros mismos nos decimos que somos haraganes y, en consecuencia, nos ponemos en actividad, evitamos que los demás nos critiquen por ser haraganes. En cierto sentido, utilizamos nuestro tirano interior para protegernos de las críticas externas.

El tirano quiere hacerse oír y ser obedecido. Si tratamos de ignorar o rechazar esa voz, sentirá una gran frustración. Subirá el tono y se hará cada vez más exigente hasta que le prestemos atención. Lo que conseguimos entonces es que el tirano y el rebelde luchen entre sí dentro de nosotros. Una parte de nosotros nos dice que consigamos trabajo, la otra nos dice lo contrario; una parte nos dice que debemos hacer algo con nuestra vida y la otra parte se aletarga. A esta altura, ni el tirano ni el rebelde nos están protegiendo. Cada uno adoptó su propia personalidad y reacciona en contra del otro. Cuando ocurre esto, nos bloqueamos. La energía no puede fluir en una situación en la que dos partes de nosotros luchan entre sí y no podemos oír los consejos de nuestra intuición.

Lo mejor que podemos hacer para que la energía siga fluyendo es ver lo que estamos haciendo. Primero hay que reconocer que estamos bloqueados y después observar ese conflicto interno. Es necesario sacar a relucir al tirano y al rebelde, verlos como realmente son para disminuir su poder. Nos daremos cuenta de que ninguno de los dos representa la voz de nuestra intuición. Son viejas voces reaccionarias que nos siguen dirigiendo la vida. Cuanto antes nos demos cuenta de esto, más rápido nos libraremos de lo que nos dicen. Y una vez que hayamos logrado eso, el paso siguiente consiste en entrar en nosotros y preguntar a nuestro aspecto femenino interior lo que debemos hacer y luego seguir sus consejos. Así lograremos desbloquear la energía. La verdadera fuente de movimiento energético y poder reside siempre en consultar a nuestra voz interior, escuchar sus consejos y seguirlos.

Una de mis pacientes se sentía frustrada con su trabajo y se daba cuenta de que estaba provocando su despido. Era empleada administrativa en una oficina de ventas. Ultimamente, se olvidaba de todo a pesar de que tenía una gran capacidad organizativa. Su jefe le recordaba lo que se había olvidado de hacer y ella reaccionaba mal. Se daba cuenta de que se enojaba cada vez que su jefe le pedía que hiciera algo, por razonables que fueran sus pedidos. Sentía que no estaba en una buena situación económica como para permitirse perder el empleo, pero tampoco quería permanecer allí. Se sentía atrapada. A medida que hablábamos, fue identificando a su lado rebelde. Se dio cuenta de que estaba luchando contra su tirano interior que le decía que debía conservar el trabajo, y contra su jefe, que estaba en una posición "dominante". Se retrotrajo a su infancia y trató de analizar cuándo había desarrollado un rebelde en su interior. Se dio cuenta de que ya había tenido problemas con las autoridades en otros empleos y en la escuela, y de que se estaba dejando guiar por esos viejos esquemas.

Cuando entendió cuál era la situación, quiso cambiar inmediatamente ese aspecto de sí misma. Pero le dije que no podía atacar a sus emociones de esa manera, pues si intentaba cambiar o reprimir a su rebelde, activaría así a su tirano y el rebelde seguiría actuando por oposición. Tenía que estar dispuesta a observar sus reacciones y a aceptar que eran representaciones de sus viejos esquemas de conducta. Una vez que realmente entendió lo que trataba de decirle, le pedí que cerrara los ojos y se replegara a un lugar más profundo de su interior. Debía preguntar a su intuición qué era lo que realmente quería. Así descubrió que quería hacer carrera en el área de ventas pero tenía miedo de intentarlo. Estaba enojada consigo misma por pasar el día en un escritorio cuando en realidad quería hacer otra cosa.

Una vez que se dio cuenta de lo que quería hacer, pudo elaborar un plan con pasos a seguir para lograr su objetivo. Decidió conservar su empleo por un tiempo y tratar de que su jefe la ayudara en su proyecto. Concertó varias entrevistas informativas en empresas especializadas en ventas para poder decidir en qué lugar le gustaría trabajar. Se sentía mucho mejor por haber visto con claridad lo que quería hacer y haber elaborado un plan para lograr su objetivo.

Me llamó una semana más tarde y me dijo que, a pesar de que su tirano y su rebelde seguían luchando entre sí, su poder parecía haber disminuido. Había seguido apoyando su objetivo de hacer una carrera en ventas y su jefe estaba dispuesto a asesorarla.

Ni el tirano ni el rebelde son realmente uno mismo. Cuando se aprende a confiar en la intuición y a seguir sus consejos, tanto el tirano como el rebelde se disuelven y emerge la persona que realmente somos.

Ejercicio

Vamos a identificar algunas de las reglas y conductas que nos parecen exigentes y dominantes (tiránicas). Se pueden utilizar las categorías que figuran a continuación y también agregar otras. He aquí algunos ejemplos entre paréntesis.

Trabajo — (Tengo que trabajar entre cuarenta y sesenta horas por semana.// Tengo que trabajar mucho para lograr algo.// No puedo dedicarme a lo que realmente me gusta).

Dinero — (Nunca me va a alcanzar el dinero.// Tengo que ahorrar por cualquier cosa que pueda pasar.// No puedo manejar el dinero con frivolidad).

Vínculos afectivos — (Tengo que encontrar pareja.// Tengo que complacer a mi pareja.// Tengo que ser monógamo/a.// Tengo que conformarme con lo que tengo).

Sexo — (Tengo que tener un orgasmo cada vez que tengo relaciones sexuales.// Para tener relaciones sexuales con alguien, tengo que estar enamorada/o.// Tengo que ser el/la amante perfecto/a).

Después, vamos a escribir cualquier pensamiento que nos surja de nuestro rebelde. Por ejemplo: "¿Para qué voy a trabajar? Voy a dejar mi empleo", o "¿A quién le importa el dinero? No lo necesito", o bien "Voy a hacer lo que me plazca a espaldas de mi pareja".

Después de escribir los diálogos entre el tirano y el rebelde, nos internamos en un lugar más profundo dentro de nosotros y nos preguntamos qué es lo que más queremos; tratemos de descubrir lo que de verdad se corresponde con nosotros. Por último, escribimos cualquier pensamiento o sentimiento que nos venga a la mente.

13

LA VICTIMA Y EL REDENTOR

Sentirse víctima es creernos indefensos; que el mundo, la gente y la economía deciden por nosotros y no nos queda más remedio que aceptar lo que nos toca. Es sentir que lo que es externo a nosotros nos puede violar sin que podamos evitarlo.

Cuando alguien se siente víctima, busca redentores que lo salven. Los redentores no saben cuidar de sí mismos, y por eso se ocupan de ayudar a los demás; inconscientemente, tratan de satisfacer sus propias necesidades de manera indirecta. Buscan víctimas a las cuales ayudar. El redentor cree que los demás son débiles o impotentes y necesitan su ayuda.

Creo que muchos adoptan las dos caras de este proceso. Muchas víctimas ocupan su tiempo y energía en tratar de rescatar a los demás en lugar de aprender a cuidar de sí mismas; es decir que sólo puede transformarse en redentor el que cree en la víctima que lleva dentro de sí. No obstante, puede parecer que algunas personas son exclusivamente víctimas o redentores. Hay también personas que se van al otro extremo; hay quienes están siempre en problemas y buscan con desesperación que alguien los ayude, y también hay mártires que necesitan salvar a los demás para darle un sentido a su vida. Pero en general, somos menos extremistas.

Transformar el rol del redentor

Todos vemos que existe dolor en el mundo. Está en todas partes, en todos nosotros, en los que nos rodean, en los diarios y en la televisión. Para transformar ese dolor, hay que empezar por no negar nada. Tenemos que verlo y sentirlo para luego saber que no es algo alejado de nosotros. No podríamos presenciar el hambre, los asesinatos y la enfermedad a menos que hubiera una parte de nosotros que creyera en ese proceso y lo alentara de alguna manera. (Ver el capítulo 23 "La transformación del mundo".)

Para transformar esa redención, es necesario hacernos responsables de nuestro propio dolor y entrar en contacto con el poder del universo que albergamos dentro de nosotros para ayudar sanándonos a nosotros mismos. Cuando veamos que alguien sufre o se siente desamparado, debemos tomar conciencia de que ese dolor y ese desamparo también están en nosotros. No nos sentiríamos inclinados a ayudar a un desamparado si no nos identificáramos de alguna manera con ese desamparo. Ya sea que ocupemos la posición de víctima o la de redentor, la energía está bloqueada dentro de nosotros.

La energía se bloquea siempre que nos concentramos en los demás, ya sea que los consideremos una fuente de problemas o soluciones. Para lograr que la energía vuelva a fluir y que el universo ofrezca su ayuda, víctima y redentor deben replegarse sobre sí mismos y pedir orientación.

Los redentores no se dan cuenta de que necesitan ayuda. Están tan ocupados ayudando a los demás que no pueden ver su propio dolor. Cuando comienzan a experimentar sus propios sentimientos, los ocultan buscando a alguien a quien ayudar. La redención es en general un esquema de conducta fuertemente arraigado desde la infancia.

Veamos mi experiencia personal. Sé que empecé a ocuparme de los demás desde muy chica. Mis padres se divorciaron cuando yo era bebé y desde mis primeros años sentí la necesidad de comportarme como una adulta. Me hice cargo de esa responsabilidad, pero al hacerlo, no me ocupé de mis propios sentimientos. Representé el papel del redentor extremo. Quería salvar al mundo y a la gente. Me dediqué a conducir talleres porque quería que la gente escuchara el gran caudal de conocimientos que tenía para ofrecerles. Creía que era tan importante que la gente lo necesitaba y me necesitaba. Lo mismo ocurría con mis vínculos afectivos; los hombres a los que atraía como pareja y mis amigos en general eran personas que parecían necesitar mi ayuda. A medida que me fui haciendo más consciente, empecé a darme cuenta de que cuando trataba de "rescatarlos" era como si les enviara un mensaje telepático que dijera: "No confío en ti y no creo que te hagas cargo de tu vida. Pienso que eres un ser desgraciado que no sabe tanto como yo y creo que necesitas mi ayuda".

La persona a la que ayudamos recibe ese mensaje en forma telepática y su poder se debilita, de manera que en realidad no la estamos ayudando y, lo que es peor, no nos ocupamos de nosotros, que sería lo único que conseguiría hacer circular la energía y transformar la situación. Tenemos que admitir que a menudo ayudamos a los demás porque tememos que nos abandonen. El miedo se podría expresar: "Si no me ocupo de las necesidades de los demás, me van a abandonar y me van a dejar solo/a". Si nos replegamos hacia nuestro interior para sanarnos, nos daremos cuenta de que allí hay alguien que no nos deja solos: nosotros mismos. Aunque nos parezca sorprendente, cuando nos fortalecemos emocionalmente, los demás reflejan ese proceso dándonos su amor y su apoyo.

Es difícil cambiar el hábito de ocuparse de los demás. Nos hace sentir miedo y culpa. Pensamos: "¿Realmente vale la pena que me ocupe de mí? ¿Y qué va a pasar con los que me necesitan?". Las voces de culpa y miedo sólo se acallarán cuando empecemos a ver los resultados. Las personas a las que queríamos rescatar empezarán a cuidarse por sí solas y nos sentiremos mejor.

No es mi intención desalentar la voluntad de ayudar a los demás; lo único que digo es que si lo hacemos, debemos admitir que es por nosotros mismos. Admitamos que su dolor también es nuestro. Luego penetremos dentro de nosotros y pidamos ayuda al universo: "Universo, ayúdame a transformar esta situación. Ayúdame a sanarme para poder convertirme en un canal para tu luz". Al hacer esto, ya no nos concentramos en los demás sino que admitimos nuestro propio sentimiento de desamparo y pedimos ayuda y orientación.

La única manera de ayudar realmente a los demás es hacer exactamente lo que queremos hacer. Si decimos "Debería hacer algo para solucionar este problema", no es la voz del universo sino nuestros "debería..." y nuestra culpa. O quizás sea nuestra computadora mental que trata de calcular una solución racional. Si confiamos en nuestra intuición y hacemos sólo lo que sentimos en cada momento, el universo podrá manifestarse libremente a través de nosotros de un modo impredecible y espontáneo.

Nos puede parecer cruel no ayudar a un amigo que nos necesita. Sin embargo, si sentimos cierta reticencia a ayudarlo (cuando por lo general estamos dispuestos a ayudar), debemos confiar en ese sentimiento y atrevernos a decir "no". Es probable que si accedemos al pedido de nuestro amigo, estemos apoyando su sentimiento de impotencia. Si confiamos en nuestro sentimiento intuitivo y no "ayudamos", en realidad vamos a alentar a nuestro amigo a encontrar su propio poder.

En otra situación, podemos sentirnos inclinados a ayudar a los demás. Confiemos en ese sentimiento y comencemos a dar. Cuando la voluntad de dar surge del corazón y no lo sentimos como un sacrificio, reconoceremos que es el universo que actúa a través de nuestro canal.

El universo no se deja llevar por nuestras buenas ideas sobre el modo en que las cosas deberían suceder, ni por nuestros planes minuciosos, ni por nuestras operaciones de rescate. El universo nos guía de manera tal que la luz pueda brillar.

Transformar el rol de víctima

Se deja de ser víctima cuando no hay más redentores, o cuando culpar a los demás por lo que nos pasa se vuelve tan doloroso que estamos dispuestos a cambiar. Por lo general, ambas cosas ocurren al mismo tiempo. Los demás se cansan de ayudarnos y, a la vez, nos cansamos de ser víctimas.

Se cambian las creencias de toda una vida al abandonar el rol de víctima. Desde que nacemos, se nos enseña que lo importante es lo exterior; por eso esperamos encontrar en lo externo el poder, el amor, el dinero y lo que pueda sanarnos. Si no encontramos nada de todo eso, empezamos a buscar culpas. Buscar dentro de nosotros, en cambio, es oponernos a todo lo que hemos aprendido. Implica descartar la vieja costumbre de inculpar y recurrir al universo en búsqueda de iluminación. Si nos sentimos victimas, la clave para dejar de serlo es replegarnos hacia nuestro interior de inmediato y preguntarnos: "Universo, muéstrame lo que necesito para sanarme. Ayúdame, ahora que eres mi fuente de poder". Luego, tratemos de abrirnos a las respuestas que nos dé el universo. Pueden llegar a través de distintas vías: un mensaje de nuestro interior, un llamado telefónico, un ofrecimiento de ayuda por parte de alguien. Cuando digo "busquemos las respuestas dentro de nosotros", no excluyo la posibilidad de recibir ayuda externa; lo que quiero decir es que debemos asegurarnos de que en verdad reconocemos que el poder del universo está dentro de nosotros y que podemos atraer lo que necesitamos. Debemos tomar conciencia de que somos totalmente responsables de la situación en la que nos encontramos y recurrir al universo que albergamos dentro de nosotros antes de pedir ayuda a los demás.

Proceder de esa manera es una forma de honrar nuestro poder. Nuestro aspecto femenino interior lo sentirá así y responderá canalizando más sabiduría y poder a través de nosotros.

El signo principal de que estamos sanando ocurre cuando nos negamos a vernos a nosotros mismos y a los demás como seres indefensos. Incluso los hechos que parecen "accidentales" en realidad los hemos provocado para sanarnos de nuestras viejas creencias y de nuestros viejos esquemas.

Cuando los participantes de mis talleres se encuentran en situaciones aparentemente "imposibles" o "desesperadas", los aliento a que descubran su participación en la situación, a que observen la elección que han hecho y las causas por las que pudieron haber sentido la necesidad de crear esas situaciones para aprender más sobre sí mismos.

Como no sabemos ser comprensivos con nosotros mismos, elegimos situaciones difíciles para aprender. Nuestras voces interiores quieren hacerse oír y si las ignoramos todo el tiempo, nos sentiremos cada vez peor. Podemos evitar accidentes, enfermedades y dolores si estamos dispuestos a escucharnos y a seguir los consejos de nuestra guía interior. Observemos las siguientes situaciones, que ilustran varios aspectos de los roles de víctima y redentor:

Una participante de mis talleres contó que la habían arrancado de su sueño y violado. Al principio, le resultaba imposible entender su participación en la situación o ver cómo podría haber elegido una forma tan dolorosa y terrible para curarse. El haber sido violada la hacía sentirse indefensa y aterrada ante la idea de que algo así le pudiera volver a ocurrir.

Me pareció importante que para deshacerse de su miedo pudiera analizar qué la había llevado a crear esa situación. Así podría ver la posibilidad de curación que encerraba. Si podía verse a sí misma con poder de elección, también podría dejar de lado el miedo de convertirse en víctima otra vez.

Comenzó a analizar con mayor detenimiento la causa de su violación. Había sentido miedo de sufrir un abuso sexual durante muchos años y creía firmemente que algo así podía ocurrirle. También vio que había dedicado su vida a ser una víctima. En general, sentía que los demás tenían poder sobre ella y que no le quedaba otra solución que rendirse ante ese poder. Creo que había creado una situación externa que reflejaba y exteriorizaba lo que sentía por dentro. Tomar conciencia de sus pensamientos la ayudaba a sanarse de ellos. Ya no podían dominarla desde el inconsciente.

Además de ver algunas de las razones que habían provocado su violación, también era importante que sintiera por completo todos los sentimientos que esa situación le despertaba. Necesitaba expresar toda la furia que sentía por su violador y por otras personas de su vida. Cuando nos damos cuenta de que fuimos los causantes de una situación negativa para nosotros, es importante no hacer recaer sobre nosotros mismos el enojo o el miedo que sentimos. A pesar de que nuestro intelecto puede identificar la influencia de la sabiduría superior, nuestros sentimientos aún necesitan expresarse. La mujer que había sido violada necesitaba expresar sus sentimientos para poder deshacerse de ellos y recuperar su poder personal. Estaba preparada para hacerlo. Unas semanas después de terminado el taller, me llamó para contarme que ya podía irse a dormir a la noche sin tener que dejar una luz encendida por miedo a ser atacada.

Otra participante había sido terapeuta en una unidad hospitalaria destinada al tratamiento de alcohólicos y drogadictos. Comenzó a sentirse cansada pero creía que no tenía forma de tomarse unos días de descanso sin descuidar su trabajo. Además, sentía que ayudar a otros la había absorbido y que ya no sabía cómo ayudarse a sí misma. Seguía yendo al trabajo y ayudando a los demás y, al mismo tiempo, descuidaba sus sentimientos interiores que reclamaban a gritos su atención. Se fue sintiendo cada vez más cansada, comenzó a sentir resentimiento hacia sus pacientes y a estar todo el tiempo de mal humor. Se le rompió el auto tres veces en tres meses y así las posibilidades de dejar su trabajo disminuyeron todavía más, ya que con los arreglos del auto sus gastos aumentaban. No veía ninguna salida.

Como no hizo nada por calmar su enojo y su frustración, empezó a tener miedo a todo. Tenía miedo de ir al trabajo, miedo a sus pacientes y miedo a su situación. Estaba atrapada en el proceso de redención y se sentía víctima de su situación económica. Día a día, iba perdiendo la esperanza.

Un día llegó al hospital y sintió que no podía ver a sus pacientes. Se puso a llorar por su situación. Sus compañeros de trabajo la alentaron a que se tomara unos días de descanso. Como también sentía molestias físicas, producto del estrés, fue a ver a su médico y él le dio un tiempo de licencia por invalidez provocada por el estrés.

Estuvo un mes fuera de la ciudad y comenzó a descansar. Empezó a prestar atención a sus necesidades internas, a hacer lo mejor para satisfacerlas y a sanarse.

La ruptura del esquema víctima — redentor le permitió liberar la abundancia de energía creativa que su trabajo había bloqueado. Descubrió que podía canalizar su creatividad de otra manera. Comenzó a conducir talleres.de juegos y a expresarse otra vez a través de la escritura. Prefirió no volver a trabajar en el hospital.

Otra participante de mis talleres había tenido varios accidentes menores en su casa. Su intuición le decía que debía dejar de forzarse a completar unos proyectos de trabajo pero también sentía que no podía arriesgarse a reducir sus actividades. Siguió adelante hasta que tuvo un accidente de auto y tuvo que pasar un tiempo en el hospital. A esa altura, ya no podía seguir esforzándose y tuvo que aceptar que necesitaba descansar. Durante su estadía en el hospital, decidió vender su casa y retirarse de su actividad. Se dedicó a viajar, algo que había querido hacer desde siempre. No tuvo más accidentes y ahora está feliz y entusiasmada con su vida.

Ejercicio
Proceso víctima/redentor
Primera parte

1. Vamos a hacer una lista de las circunstancias que nos hacen sentir como víctimas o indefensos.
2. Empecemos con la primera situación de la lista que hemos elaborado. Vamos a cerrar los ojos y nos vamos a imaginar en esa posición indefensa. Después nos tomamos unos minutos para sentir la frustración, el desamparo y la desesperación que esto nos produce.

3. Ahora nos vamos a imaginar enojados y llenos de furia por haber creado una situación que nos hacía sentir indefensos. Dejemos que esa furia sea la energía que nos ayude a decidirnos a no hacernos sentir así nunca más.

4. Nos vemos ahora plenos de poder, fuerza, creatividad, y buen ánimo. Nos vemos con la posibilidad de elegir. Cuando hayamos empezado a vernos y a sentirnos así, analicemos cómo manejaríamos la situación que nos hacía sentir indefensos. Es importante abrirse a cualquier idea o imagen que se nos ocurra.

5. Repetimos todos los pasos con cada situación de la lista.

Segunda parte

1. Vamos a hacer una lista de situaciones en las que estemos actuando como redentores de los demás.

2. Para cada situación, cerramos los ojos y vemos que las personas de las que somos redentores son muy poderosas. Las dejamos libradas a su propia fuerza, a su propia conexión con el universo.

3. Luego vemos lo que necesitamos hacer para cuidar de nosotros en cada situación. ¿Qué podemos hacer para sentirnos realizados?

14

EL LOGRO DEL EQUILIBRIO

Para ser canales del universo debemos disponer de una amplia gama de expresiones y emociones. Si el poder superior nos ordena saltar, debemos saltar sin detenernos a hacer preguntas. Si nos ordena esperar, debemos estar dispuestos a relajarnos y a disfrutar de un lapso de inactividad hasta que llegue el mensaje siguiente. El poder superior siempre nos incitará a explorar nuestros aspectos menos desarrollados y a buscar nuevas formas de expresión y nuevas experiencias. Aun cuando ignoremos esos impulsos interiores, las circunstancias de la vida externa nos obligarán a explorar nuestro yo interior. Nuestro yo superior se asegura de que su mensaje acerca de lo que debemos hacer nos llegue a través de cualquier vía. Tal vez oscilemos de un extremo al otro hasta que logremos el equilibrio.

Nuestra intuición puede guiarnos en direcciones nuevas y diferentes. Quizá nos sintamos cómodos con una personalidad determinada y nuestra intuición nos pida que hagamos lo contrario a lo habitual. Es bueno saber esto, en especial cuando estamos aprendiendo a oír nuestra voz interior. Una buena regla podría ser: "esperar lo inesperado".

Descubrí que hay básicamente dos tipos de personalidad. Sería útil analizar qué tipo de personalidad prevalece en cada uno. Algunas personas combinan los dos tipos; por lo general, prevalece un tipo de personalidad en algunas áreas de su vida, y el otro en otras áreas.

El primer tipo de personalidad es el de "los que hacen" y el segundo el de "los que son". Corresponden aproximadamente a las personalidades del tipo A y del tipo B de la terminología psicológica tradicional.

"Los que hacen" son personas con tendencia a la acción. Saben hacer las cosas y en general no tienen miedo de expresarse ni de arriesgarse a innovar. Tienen facilidad para expresar su energía expansiva. En cambio, les cuesta recibir. No les gusta sentirse vulnerables. Lo que les resulta más difícil es estar sin hacer nada, sin participar de ninguna actividad constructiva. Se sienten incómodos si tienen tiempo libre y suelen dedicarlo a hacer múltiples actividades. Son muy activos y les cuesta mucho relajarse. Tienen más desarrollada su energía masculina activa y, en cambio, se sienten incómodos con su energía femenina receptiva.

"Los que son" se orientan a la sintonización interior. Saben relajarse y calmarse. Disfrutan de los pequeños placeres de la vida, saben nutrirse a sí mismos y a los demás y divertirse. Son flexibles y les gusta "vagar" despreocupados en su tiempo libre. Les cuesta lanzarse a la acción. Tienen miedo de hacer cosas nuevas o inusuales y tienden a aferrarse a lo conocido. No son muy seguros y a veces les cuesta expresar sus sentimientos y opiniones. Se preocupan por lo que puedan pensar los demás. Pueden sentirse incómodos en el mundo y a veces les falta confianza en sí mismos para comunicarse con los demás, desarrollar una actividad económica, manejar dinero, etcétera. Tienen más desarrollada su energía femenina receptiva y se sienten incómodos o desconfían de su lado masculino y expansivo.

A "los que hacen", la intuición los hará disminuir su actividad. Sus sentimientos les dirán que se detengan, que descansen, que se tomen un día libre (o una semana o incluso seis meses), que pasen más tiempo solos, que estén en contacto con la naturaleza, que pasen un tiempo sin hacer planes ni listas, y que se dejen llevar por su energía. Lo más difícil para "los que hacen" es no recibir ningún mensaje, tener que esperar y estar sin hacer nada hasta que algo ocurra. Yo, por ejemplo, pertenezco al grupo de "los que hacen". Acostumbro a hacer listas, a estar todo el tiempo en actividad, y una de las cosas más difíciles para mí fue que el universo me impulsara a no hacer nada. Sin embargo, son los momentos más productivos y de mayor inspiración porque me dan el tiempo suficiente para sentir mi espíritu. Tuve que admitir que, en realidad, siempre me mantuve ocupada para evitar sentir ese poder. Le tenía miedo al tiempo "vacío" porque en realidad estaba lleno de la fuerza del universo.

A los que se sienten más cómodos "siendo", su yo interior los impulsará sin duda a ser más activos, más expresivos y más audaces. La clave es dejarse llevar por los impulsos y probar a hacer cosas que normalmente uno no haría por impulso. No es necesario saber por qué hacemos algo o ver algún resultado al principio. Es importante tratar de actuar espontáneamente y dejarse guiar por los sentimientos, en especial cuando se trata de comunicarse con la gente, expresar la energía creativa, hacer dinero, o cualquier cosa que uno normalmente evitaría. No hay que obligarse a ir más rápido o más lejos de lo que las fuerzas nos lo permitan. Es muy importante respetar los límites y ritmos de crecimiento de cada uno. También es importante asegurarse de que la voz no provenga del tirano interior que nos dice: "Deberías esforzarte de esta manera" (si el mensaje empieza por "deberías", nunca es la voz del universo). Hay que dejarse guiar por los sentimientos para expresarse y construir la confianza en uno mismo de un modo alentador.

Meditación

Nos ponemos cómodos y cerramos los ojos. Respiramos profundamente varias veces y cada vez que exhalamos, relajamos el cuerpo y la mente y nos replegamos a un nivel profundo y calmo de nuestra conciencia. Imaginamos que somos personas muy equilibradas. Podemos relajarnos y divertirnos con frecuencia, y disfrutamos del tiempo y el espacio libre. Nos dejamos llevar por nuestros sentimientos e impulsos con espontaneidad, nos expresamos con firmeza y en forma directa, y nos arriesgamos a probar cosas nuevas cada vez que sentimos el impulso de hacerlo. Vivimos equilibrados entre el hacer y el ser y por eso podemos seguir a nuestra guía interior adonde nos lleve.

Ejercicio

Aquellos que pertenezcan al grupo de "los que hacen" van a pasar un día entero durante el cual harán deliberadamente lo menos posible. Luego, tomen nota de cómo se sienten y de lo que ocurre.

Los que pertenezcan al grupo de "los que son", en cambio, dedicarán un día a actuar según sus impulsos sin esperar ningún resultado en particular. Prueben varias cosas nuevas e inusuales, en especial aquellas que impliquen entrar en contacto con la gente o actuar de manera diferente a la habitual. Presten atención al modo en que se sienten antes, durante y después de hacer este ejercicio.

15

VINCULOS

Los vínculos afectivos en el viejo mundo se centran en lo externo: tratamos de sentirnos felices y plenos a través de algo exterior a nosotros. Esa expectativa culmina inevitablemente en desilusión, resentimiento y frustración. Esos sentimientos van creciendo constantemente dentro de nosotros y nos causan conflictos, o bien los reprimimos y nos producen una especie de entumecimiento emocional. Sin embargo, seguimos aferrándonos a nuestros vínculos afectivos por inseguridad, o cambiamos de pareja, en búsqueda de esa pieza faltante que todavía no hemos encontrado.

Hemos atravesado esa trágica situación durante miles de años y ahora estamos llegando a una crisis. La imagen de familia y los vínculos afectivos que hemos conocido hasta ahora parecen desintegrarse a pasos agigantados. Muchos sienten pánico ante esa desintegración, y algunos tratan de restablecer las tradiciones y los sistemas de valores del pasado para aferrarse a una sensación de orden y estabilidad en su vida. No obstante, es inútil tratar de volver al pasado porque nuestra conciencia ya ha superado el nivel de evolución en el que todavía estábamos dispuestos a sacrificar lo que fuera necesario para vivir de esa manera. En el pasado, la mayoría de la gente estaba dispuesta a continuar durante toda la vida con una relación que en su esencia ya estaba muerta, sólo porque le aseguraba una estabilidad física y emocional.

Ahora, en cambio, somos cada vez más los que nos damos cuenta de que un vínculo afectivo puede mantenerse vivo, y que la pasión y la intimidad de la pareja pueden ir en aumento. Estamos dispuestos a abandonar los viejos esquemas para ir en búsqueda de esos ideales, pero no sabemos dónde encontrarlos. La mayoría de nosotros seguimos buscándolos en lo externo; pensamos que si encontramos a la mujer o al hombre adecuados, vamos a ser infinitamente felices, o que todo estaría bien si nuestros hijos o nuestros padres se comportaran como es debido. Nos sentimos confundidos y frustrados. Nuestra vida afectiva es un caos; hemos perdido las viejas tradiciones y no tenemos nada nuevo para reemplazarlas. Pero no podemos volver atrás; hay que seguir adelante e internarse en lo desconocido para crear una vida afectiva completamente nueva.

Pero debemos reconocer y aceptar una verdad muy simple, que los vínculos no se encuentran en lo externo sino dentro de nosotros. El verdadero vínculo afectivo es el que uno tiene consigo mismo; todos los demás son espejos que lo reflejan. A medida que uno aprende a quererse, recibe automáticamente el amor y el reconocimiento que quiere de los demás. Si uno está comprometido con uno mismo y con la verdad, atraerá a personas con el mismo compromiso. La voluntad de vivir en intimidad con los sentimientos profundos que cada uno tiene genera un espacio para la intimidad con otro. Sentirse bien con uno mismo es la base para sentirse bien con los demás. Y sentir que la fuerza vital y el poder del universo fluyen dentro de uno contribuye a crear una vida llena de pasión y plenitud que uno luego comparte con los demás.

Cuidarnos

Muchos de nosotros nunca aprendimos a cuidarnos bien y por eso nuestros vínculos afectivos se han basado siempre en tratar de encontrar a alguien que nos cuide.

Cuando somos bebés, somos muy intuitivos y estamos muy atentos a todo. Percibimos el dolor emocional o la pobreza de nuestros padres desde el momento en que nacemos, e inmediatamente empezamos a desarrollar el hábito de tratar de complacerlos y de satisfacer sus necesidades para que sigan cuidándonos. A medida que crecemos, nuestros vínculos afectivos se desarrollan de la misma manera. Hay un pacto telepático inconsciente: "Voy a hacer todo lo que quieras que haga y voy a ser como quieras que sea siempre y cuando estés siempre conmigo, me des lo que necesito y no me dejes".

Ese sistema no da resultado. Es muy raro que otra persona pueda satisfacer todas nuestras necesidades todo el tiempo, por eso nos desilusionamos y nos frustramos. Entonces, o bien tratamos de hacer cambiar al otro (algo que jamás da resultado), o bien nos resignamos a aceptar menos de lo que en realidad queremos. Además, cuando tratamos de dar lo que el otro quiere, casi siempre hacemos cosas que no nos satisfacen y acabamos por sentir resentimiento hacia el otro, ya sea en forma consciente o inconsciente.

A esa altura quizá nos demos cuenta de que no da resultado cuidar a los demás como una forma indirecta de cuidarnos a nosotros mismos. Yo soy la única persona que puede cuidar de mí, por eso lo mejor es que lo haga en forma directa y que deje que los demás hagan lo mismo por ellos.

¿Qué significa cuidarse? Para mí, significa confiar en mi intuición y dejarme guiar por ella. Significa dedicar parte de mi tiempo a escuchar todos mis sentimientos (incluso los sentimientos de la niña que hay en mí, que a veces se siente herida o asustada) y responder con atención, amor y una acción apropiada. Significa dar prioridad a mis necesidades interiores y confiar en que, a medida que hago esto, se satisfacen las necesidades de todos los demás y se completa todo lo que quedaba por hacer.

Por ejemplo, si estoy triste, puedo irme a la cama a llorar y tomarme tiempo para calmarme y darme el cariño que necesito. O puedo hablar con alguien que me ayude, hasta descargar mi dolor y aliviarme.

Si estuve trabajando demasiado, trato de dejar lo que estoy haciendo aunque sea muy importante y me tomo un tiempo para hacer algo entretenido o simplemente me doy un baño caliente y leo una novela.

Si alguien a quien quiero mucho me pide algo que no quiero dar, le digo que no, porque estoy aprendiendo a confiar en que la persona que me lo pidió se sentirá mucho mejor así que si le doy lo que necesita sin tener ganas de hacerlo. Así, cuando digo que sí, es porque en realidad siento ganas de dar lo que me piden.

Hay una cuestión muy importante que quiero destacar. Se trata de algo que me llevó mucho tiempo entender. Cuidar de uno mismo no significa "arreglárselas solo". Crear una buena relación con uno mismo no implica aislarse de los demás. Si fuera así, bastaría con convertirnos en ermitaños durante un tiempo para desarrollar un vínculo perfecto con nosotros mismos y después salir al mundo y, de un día para el otro, desarrollar relaciones afectivas perfectas con el resto de la gente.

Por supuesto que a veces es importante saber estar solo, y a menudo la gente realmente se aísla hasta que se siente cómoda consigo misma. Sin embargo, tarde o temprano es necesario verse reflejado en los demás. Es necesario construir y fortalecer la relación con uno mismo en el mundo de la forma a través de la interacción con los demás.

La diferencia está en qué es lo más importante del vínculo afectivo. En el viejo mundo, lo más importante era la otra persona y el vínculo en sí. Nos comunicábamos para tratar de que el otro nos comprendiera y nos diera lo que necesitábamos. En los vínculos del nuevo mundo, lo más importante es construir la relación con uno mismo y el universo. Nos comunicamos para que nuestro canal esté libre de obstrucciones y para procurarnos nosotros mismos lo que necesitamos. Las palabras pueden incluso ser las mismas, pero la energía es diferente y el resultado también.

Supongamos, por ejemplo, que una noche me siento sola y quiero estar con mi pareja, a pesar de que sé que tiene otros planes. Antes, quizá habría sentido temor de ser directa y pedir lo que quería. Tal vez me habría quedado sola en casa y me habría concentrado en aprender a disfrutar de la soledad. Cuando más tarde hablara con mi pareja, sentiría cierto rencor aunque no lo admitiría ante él y quizá ni siquiera ante mí misma. Ese resentimiento no saldría a la superficie sino hasta el momento en que tuviéramos una discusión y yo le dijera: "No te importa lo que siento. Nunca quieres estar conmigo". En ese momento, le estaría comunicando por telepatía que él es responsable de mi felicidad.

Ahora sería más directa (al menos eso espero) desde el principio y le diría: "Sé que tienes otros planes pero me siento sola y tengo ganas de que estemos juntos". Asumo la responsabilidad de pedir lo que quiero y, al hacerlo, me procuro mi propio bienestar a pesar de que le pido algo a él. La clave es ser uno mismo el centro; atreverse a decir: esto es lo que siento, esto es lo que quiero. Eso puede volvernos muy vulnerables, pero al mismo tiempo es esa voluntad de decir lo que uno siente y quiere la que genera la plenitud. En mi caso, ya me siento más realizada por haber estado dispuesta a respaldarme.

Si le digo a mi pareja que quiero que estemos juntos, le doy la libertad de darme una respuesta sincera. Si acepta, tanto mejor; si no, quizá me sienta herida o triste. Le digo lo que siento (lo hago por mi propio bien, para tener en claro lo que siento) y dejo que las cosas sigan su curso. Dedico esa noche a alcanzar una conexión más profunda conmigo misma y con el universo.

Descubrí algo interesante. Cuando digo lo que quiero y comunico lo que siento con sinceridad y sin rodeos, no parece importar demasiado la reacción de los demás. A veces no responden como quisiera, pero el haberme cuidado me hace sentir tan segura de lo que siento y tan llena de poder que me resulta más fácil no apegarme al resultado. Si sigo siendo sincera con mi pareja, mi familia y mis amigos con respecto a lo que siento y estoy dispuesta a ser vulnerable, no voy a acabar acumulando necesidades ocultas ni resentimiento.

Cuando cuidamos de nosotros de esa manera, la mayoría de las veces conseguimos lo que queremos. Si no, el paso siguiente consiste en dejar ir aquello que no conseguimos. Nos replegamos hacia nuestro interior y sintonizamos lo que nuestro ser interior nos pide que hagamos como próximo paso. Dejemos que nos lleve a una conexión más profunda con el universo.

Como vemos, una parte importante de la creación de un vínculo afectivo con uno mismo consiste en reconocer las necesidades propias y en aprender a pedir lo que uno quiere. Eso da miedo porque tememos mostrar que necesitamos demasiadas cosas. Sin embargo, son las necesidades ocultas y que no reconocemos las que nos hacen dar esa impresión a los demás. Como no las expresamos abiertamente, llegan a los demás en forma indirecta o por telepatía. La gente las percibe y se aleja porque sabe por intuición que no puede ayudarnos si no reconocemos que necesitamos ayuda.

Resulta paradójico que, a medida que reconocemos y admitimos nuestras necesidades y pedimos ayuda en forma directa, en realidad nos volvemos más fuertes. Es nuestro aspecto masculino interior que protege a nuestro aspecto femenino. A los demás les resulta más fácil ayudarnos y nos sentimos cada vez más plenos.

Dejarse llevar por la energía

He descubierto que cuando estoy dispuesta a confiar en mi energía y me dejo llevar por ella, mi energía me guía a formar vínculos con personas de las que tengo mucho que aprender. Cuanto mayor es la atracción, más vívido el reflejo. Por eso la energía siempre me lleva a las más intensas situaciones de aprendizaje.

Al principio puede darnos temor vivir de ese modo. Siempre nos aterró confiar en nuestros sentimientos, en especial en lo que se relaciona con los vínculos afectivos y la sexualidad. Tenemos miedo de que esa energía tan intensa, tan cambiante y tan impredecible pueda producir un caos. Nos aterra sufrir o hacer sufrir a otros. No confiamos en el universo, o bien no nos creemos capaces de dejarnos llevar por nuestra guía interior. Y existe una razón para esto: tenemos tantos viejos esquemas y adicciones en el área de los vínculos afectivos que a veces es difícil oír a nuestra verdadera voz interior.

No creo que haya una forma fácil de resolver el miedo a confiar en nuestra energía. O evitamos hablar del tema o bien nos disponemos a dejarnos llevar por la energía, a aprender de nuestros "errores" y, a través de ese proceso, a sanar nuestros miedos y construir un canal más abierto.

Hasta ahora, muchos hemos evitado enfrentarnos a nuestros miedos y construimos reglas estrictas para regir nuestros vínculos afectivos. Cada relación entra en una categoría especial y cada categoría tiene sus propias reglas y códigos de conducta. Esta persona es mi amigo, entonces me comporto de esta manera; esta otra persona es mi marido, entonces se supone que debe hacer tales o cuales cosas; esta otra persona forma parte de mi familia, entonces nos tenemos que tratar de tal manera; y así sucesivamente. Queda muy poco espacio para descubrir la verdad de cada relación.

Algunos se rebelan contra esas reglas y crean a propósito vínculos afectivos que vayan en contra de las reglas establecidas (poligamia, relaciones homosexuales y bisexuales). Si esas relaciones se originan como una forma de rebelión pueden ser reacciones contra las reglas y no una verdadera sintonización de la energía.

Así como cada ser es una entidad única, distinta a las demás, cada conexión entre dos o más seres también es única. Ningún vínculo afectivo es exactamente igual a otro. Además, el universo se caracteriza por el cambio permanente. Las personas cambian todo el tiempo y los vínculos entre ellas también.

Cuando tratamos de controlar o poner etiquetas a nuestros vínculos afectivos, los matamos, y luego perdemos mucho tiempo y energía para tratar inútilmente de revivirlos.

Debemos estar dispuestos a dejar que nuestros vínculos afectivos se nos revelen por sí solos. Si uno está en sintonía consigo mismo, confía en sí mismo y es sincero con los demás, el vínculo se desarrollará en un modo único y fascinante. Cada relación afectiva es una aventura increíble; nunca se sabe con seguridad adónde nos puede llevar. Cambia de ánimo, de forma y de sabor minuto a minuto, día a día, año a año. A veces nos acerca al otro, a veces nos aleja. Hay, sin embargo, algo seguro en las relaciones que se viven de ese modo: siempre nos llevarán a un nivel más profundo de nuestro interior y a confiar más en el universo. Y eso a su vez se reflejará en un mayor grado de intimidad y acercamiento en nuestro trato con los demás.

Compromiso e intimidad

Cuando discutimos la idea de confiar en nuestra energía interior, la gente a menudo pregunta cuál es el papel del concepto de compromiso en ese tipo de relaciones.

Como siempre nos hemos concentrado en lo externo, muchos tratamos de asumir un compromiso con una relación externa. En realidad, nos comprometemos con un conjunto de reglas: "Acepto comportarme de tal o cual manera para que podamos sentirnos seguros en nuestra relación". Por lo general, esas reglas no se enuncian sino que se presuponen. Muchos suelen decir que están comprometidos con una relación pero rara vez aclaran (ni a los demás ni a sí mismos) qué se comprometen a hacer o a no hacer.

Una de las reglas presupuestas suele ser el no tener relaciones sexuales con otra persona. Pero eso tampoco es muy preciso, ya que nadie define lo que es "tener relaciones sexuales". En general, el acuerdo tácito es que uno no debe sentir deseos sexuales por ninguna otra persona. ¿Pero cómo prometer que uno no va a sentir algo? Los sentimientos no se pueden controlar a través de la razón.

El problema de comprometerse con una forma externa es que no deja lugar para los cambios inevitables ni para el crecimiento de cada uno y de la relación de pareja. Si nos comprometemos a sentir o a comportarnos de acuerdo a ciertas reglas, quizá nos veamos obligados a elegir entre ser fieles a nosotros mismos o ser fieles a esas reglas. Cuando dejamos de ser fieles y sinceros, no queda mucho de nosotros en esa relación. No queda más que una cáscara vacía, un gran compromiso entre seres que ya no existen.

Ese tipo de compromiso trata de que la forma de la relación afectiva no cambie, por eso en la mayoría de los casos simplemente no dura. El hecho es que las relaciones afectivas sí cambian de forma y ningún compromiso puede garantizar que no van a cambiar. Ninguna forma externa puede darnos la seguridad que buscamos. Uno puede separarse después de cincuenta años de matrimonio.

Darnos cuenta de todo esto puede evitarnos muchos dolores. La gente que se divorcia casi siempre siente que ha fracasado porque supone que todos los matrimonios deben durar toda la vida. Sin embargo, en la mayoría de los casos se trata de un muy buen matrimonio, que ayudó a cada uno a crecer hasta un punto en el que les resultó innecesaria su vieja forma.

Lo doloroso en muchos casos es que no sabemos cómo dejar que la forma cambie y al mismo tiempo seguir honrando el amor y la conexión profunda que subyacen. Cuando uno está muy unido a otra persona, esa conexión dura para siempre. Sin embargo, la intensidad de la energía que hay en la relación aumenta o disminuye de acuerdo a cuánto quede por aprender. Cuando uno ha aprendido mucho por haber vivido con una persona, es posible que la intensidad de la energía que hay entre ambos disminuya a tal punto que ya no haya tanta —o ninguna— necesidad de relacionarse en el nivel de la personalidad. Sin embargo, sigue habiendo una fuerte conexión entre los dos espíritus. A veces la energía se renueva más en otro nivel.

No entendemos esto y por eso nos sentimos culpables, desilusionados y heridos cuando nuestras relaciones afectivas cambian de forma. No sabemos compartir nuestros sentimientos con el otro y a menudo respondemos a esos sentimientos cortando la conexión con la otra persona. Eso nos causa un gran dolor porque en realidad nos estamos desconectando de nuestros propios sentimientos profundos. En cambio, cuando nos comunicamos con sinceridad y confiamos en nosotros mismos, los cambios en las relaciones no necesariamente causan dolor e incluso pueden llegar a ser muy positivos.

La mayoría de la gente cree que es necesario hacer sacrificios y concesiones para conservar una relación. La necesidad de hacer sacrificios y concesiones se basa en una mala interpretación de la naturaleza del universo. Tenemos miedo de no recibir el amor que necesitamos y de que la verdad pueda ser dolorosa. El universo en realidad es siempre generoso y la verdad, cuando la reconocemos, siempre es positiva. Son nuestros miedos y limitaciones los que hacen que nos resulte negativa.

Cuando estoy dispuesta a ser sincera, a pedir lo que quiero, a seguir comunicando abiertamente mis sentimientos, siempre veo que la verdad que subyace a cualquier situación es la misma para todos. Al principio puede parecer que yo quiero algo y la otra persona quiere algo distinto. Si ambos seguimos diciendo la verdad tal como la sentimos, tarde o temprano ambos podemos obtener lo que realmente queremos.

Una pareja que vino a consultarme, por ejemplo, tenía un gran conflicto con su trabajo. Ambos eran socios en un negocio muy próspero. Ella estaba cansada del negocio y quería dedicarse a otra cosa. El adoraba el trabajo y quería seguir adelante con el negocio pero no quería continuar sin su mujer. Discutían todo el tiempo porque ella quería vender el negocio y él, ampliarlo.

Una vez que comenzaron a comunicarse en un nivel más profundo, descubrieron sus miedos. Ella quería expresarse a través de una actividad nueva y creativa pero tenía miedo de no poder desenvolverse sola sin el apoyo constante de su marido. También temía no ganar tanto dinero como antes y que él le reprochara haber disminuido sus ingresos. El, por su parte, tenía miedo de no poder llevar adelante el negocio sin ella, ya que dependía mucho de su creatividad y en cambio no confiaba en su propia capacidad intuitiva. Además, tenía miedo de que su vida laboral se volviera aburrida sin la calidez y el humor de su mujer.

Después de haber expresado sus sentimientos, se dieron cuenta de que ambos estaban a punto de dar un salto a un nuevo nivel de independencia y creatividad. Estaban listos para dejar de depender uno del otro y confiar más en sí mismos. Ella se fue alejando gradualmente del negocio y comenzó una carrera nueva y muy diferente que la entusiasmó mucho y le dio muchas satisfacciones. El siguió manejando el negocio y lo desarrolló en una forma nueva e interesante. La relación entre ambos se enriqueció a raíz de ese mayor grado de independencia y de seguridad en sí mismos.

En mi caso, estoy comprometida conmigo misma. Tengo el compromiso de quererme, honrarme, obedecerme y estimarme. Mi compromiso en una relación afectiva es con la verdad y la sinceridad. A la persona que quiero le prometo esforzarme por decir la verdad, decir lo que siento, hacerme responsable de lo que hago, honrar la conexión que nos une y mantener esa conexión aunque cambie su forma.

El verdadero compromiso no garantiza la forma de una relación, sino que acepta que la forma es algo en cambio permanente y que podemos confiar en ese proceso de cambio. Abre paso a la verdadera intimidad que se crea cuando la gente comparte lo profundo con el otro con entera sinceridad. Si dos personas siguen juntas de esta manera, es porque realmente quieren estar juntas. Su amor y el aprendizaje mutuo cobran una nueva intensidad a medida que cambian y crecen.

Relaciones monógamas y no monógamas

Para aquellos que oyen por primera vez mi opinión acerca de los vínculos afectivos, mi punto de vista les puede parecer muy extremista y quizá lo sea. Sin embargo, a menudo descubro que se malinterpretan ciertas cosas que digo. Algunas personas creen que estoy "en contra de la monogamia" y que apoyo las relaciones no monógamas. No es así en absoluto. Yo apoyo la verdad, la sinceridad con uno mismo, con sus sentimientos y con sus respuestas.

Alguna gente que conozco tiene relaciones verdaderamente monógamas. Tienen una sola conexión fuerte, romántico-sexual con alguien y no sienten deseos por otras personas. Algunos no son monógamos en absoluto y no les es para nada difícil tener más de una relación romántico-sexual. A la mayoría de las personas este tema les despierta sentimientos ambivalentes y conflictos. Quieren tener una conexión profunda con alguien, tenerlo cerca y sentirse seguros; se sienten culpables si les atrae alguien más, y tienen miedo de que su pareja sienta una atracción por otra persona. Por otro lado, se sienten limitados y a veces les gustaría ser libres para descubrir otras conexiones. Los que tienen muchas relaciones afectivas al mismo tiempo pueden sentir deseos de estar con una sola persona y ser también los únicos para esa persona.

Es necesario experimentar y reconocer esos sentimientos ante nosotros mismos y, si es posible, también delante de aquellos a quienes queremos, ya que forman parte de la condición humana. Los conflictos se disipan automáticamente a medida que aprendemos a aceptarnos y a confiar en nosotros. El tema central no es la forma externa de nuestras relaciones afectivas, ya que puede resolverse con facilidad a medida que aprendemos a confiar en nuestra verdad interior. Cada uno crea la relación apropiada para sí mismo y para todo el que forme parte de esa relación.

Relaciones amorosas

Cuando conocemos a alguien en el que nos vemos reflejados con mucha intensidad, sentimos una gran atracción por esa persona (o puede ser que al principio sintamos un gran rechazo, pero de cualquier manera, se trata de un sentimiento muy intenso). Si es una persona del sexo apropiado y tiene ciertas características, es probable que experimentemos ese sentimiento como una atracción sexual. Cuando la energía es especialmente intensa, experimentamos algo a lo que llamamos "enamorarse".

Enamorarse es una experiencia intensa en la que sentimos que el universo fluye a través de nosotros. La otra persona se transforma en un canal, en un catalizador que nos hace abrirnos al amor, la belleza y la pasión que hay dentro de nosotros. Nuestro propio canal se abre, la energía universal irrumpe en nuestro interior y tenemos un hermoso momento de "iluminación", muy parecido a lo que se siente después de largos períodos de meditación.

Es la experiencia más conmovedora y apasionante que hay en el mundo y, por supuesto, queremos aferrarnos a ella. Pero desafortunadamente no nos damos cuenta de que en realidad lo que experimentamos es el universo que fluye dentro de nosotros. Reconocemos que es la persona de la que estamos enamorados la que provoca esa experiencia y le atribuimos a ella todo lo positivo. Por supuesto que al enamorarnos percibimos con claridad la belleza del espíritu de esa persona, pero no nos damos cuenta de que esa belleza es un reflejo de la nuestra. Lo único que sabemos es que experimentamos esa sensación tan hermosa cuando estamos con esa persona e inmediatamente le cedemos nuestro poder y ponemos nuestra fuente de felicidad fuera de nosotros.

El otro se convierte en un objeto, algo que queremos poseer y a lo que queremos aferrarnos. La relación afectiva se vuelve una adicción: queremos más y más de lo que nos hace sentir tan bien, como si se tratara de una droga. El problema es que nos hacemos adictos a la forma de esa persona y no nos damos cuenta de que lo que queremos es su energía. Tratamos de aferrarnos a su personalidad y a su cuerpo, pero al tratar de retenerlos, la energía se bloquea. Por aferrarnos con tanta fuerza al canal, en realidad lo sofocamos y cortamos el fluir de la energía que buscamos.

Lo que nos une al principio es una pasión verdadera, pero luego inevitablemente esa pasión cede su lugar a la necesidad mutua. La relación empieza a morirse casi al mismo tiempo en que comienza a florecer. Entonces de verdad sentimos miedo y nos aferramos aún más. El enamoramiento inicial fue tan intenso que a veces pasamos años tratando de recrearlo pero cuanto más intentamos recuperar ese momento, más se nos escurre. La energía comienza a fluir otra vez sólo cuando nos damos por vencidos y podemos volver a sentir lo mismo.

Ese es el trágico destino de las relaciones amorosas en el viejo mundo. Hemos pasado miles de años tratando de encontrarle una solución. Las canciones, los relatos y las obras teatrales que más nos gustan reflejan y fortalecen la imagen de las relaciones en las que hay una adicción a lo externo, y esa adicción genera dolor y frustración.

En el nuevo mundo vamos descubriendo algo simple y hermoso que puede sanar nuestro dolor: la verdadera relación amorosa se da al vivir en la luz.

Una historia de amor

Estoy descubriendo que vivir es enamorarse del universo. También concibo la vida como una historia de amor entre mi aspecto masculino y mi aspecto femenino, y entre mi forma y mi espíritu.

A medida que construyo y abro mi canal, es más y más la energía que fluye a través de él. Vivo los sentimientos y la pasión con mayor intensidad. Estar enamorada es para mí un estado en el que no dependo de nadie. No obstante, algunas personas me atraen y parecen intensificar o profundizar la forma en que experimento la fuerza vital dentro de mí. Sé que esas personas me reflejan como espejos y también son canales para una energía especial en mi vida.

Me acerco a ellos porque quiero la intensificación que me hacen experimentar. Siento que el universo fluye a través de mí hacia ellos y a través de ellos hacia mí. Eso puede ocurrir en cualquier forma de interacción, ya sea que estemos hablando, acariciándonos o haciendo el amor. La energía me indica por sí sola lo que necesito y es apropiado para mí. Es un intercambio mutuo que nos llena de satisfacción y entusiasmo porque el universo nos da a ambos lo que necesitamos. Puede ser una experiencia breve y única, una mirada o una conversación con un extraño. O puede tratarse de un contacto permanente, una relación profunda que dure muchos años. Siento que es el universo que viene hacia mí todo el tiempo a través de diversos canales.

Lo que acabo de describir es una escena ideal. Y por cierto no la vivo plenamente en todo momento. Muchas veces me veo atrapada en medio de mis miedos y mis adicciones a las relaciones afectivas. No obstante, lo experimento cada vez más y cuando me ocurre es una sensación maravillosa.

Ejercicios

1. Vamos a invitarnos a salir. Cada uno va a proceder como si fuera a salir con la persona más fascinante y cariñosa que se pueda imaginar. Vamos a tomar un baño caliente, nos vestimos con la mejor ropa, nos compramos un ramo de flores, vamos a un buen restaurante, a dar un paseo a la luz de la luna o cualquier cosa que se nos ocurra. Y cada uno va a decirse a sí mismo qué persona fantástica es, cuánto se quiere y cualquier otra cosa que nos gustaría oír de un amante. Vamos a imaginar que el universo es nuestro amante y nos da todo lo que queremos.
2. La próxima vez que sintamos una "carga" sexual o romántica con alguien, recordemos que es el universo lo que sentimos y que todo forma parte de nuestra historia de amor con la vida.

16

NUESTROS HIJOS

La filosofía de vivir como canal del universo se aplica a las relaciones entre padres e hijos tanto como a cualquier otra área de nuestras vidas. A pesar de que todavía no tengo hijos, estuve muchos años en contacto con amigos que utilizan todos estos principios para la crianza de sus hijos. No es fácil transformar nuestros viejos conceptos acerca de la crianza de los hijos, pero vale la pena: los niños se iluminan, sus padres se sienten realizados y satisfechos y hay un acercamiento y un mayor deseo de compartir cosas entre sí.

Una de nuestras viejas ideas acerca de la crianza de los hijos se basaba en que los padres eran totalmente responsables por el bienestar de sus hijos y por eso trataban de comportarse según un código de reglas para ser "buenos padres". A medida que aprendemos a confiar en nosotros y a ser nosotros mismos, quizá violemos muchas de las reglas que indican lo que "un buen padre" debe hacer. No obstante, la energía y la vitalidad que fluye dentro de nosotros, nuestra sensación de satisfacción y nuestra confianza en nosotros mismos y en el universo ayudarán a nuestros hijos más que cualquier otra cosa.

En cierto sentido, podemos decir que no tenemos que "criar" a nuestros hijos. El universo es su verdadero padre y nosotros sólo el canal. Cuanto más nos dejemos llevar por nuestra energía y hagamos lo mejor para nosotros, mayor ser el caudal de energía que el universo transmitirá a través de nosotros hacia todos los que nos rodean. Así, a medida que nos vayamos sintiendo más plenos, también lo serán nuestros hijos.

Los bebés recién nacidos son seres muy intuitivos y poderosos. Como apenas se incorporan al mundo físico, pasan los primeros años de su vida aprendiendo a vivir en un cuerpo. Sus formas son más jóvenes y menos experimentadas que las nuestras pero en lo espiritual tienen el mismo grado de desarrollo que nosotros. En realidad, creo que a menudo tenemos hijos más desarrollados que nosotros en lo espiritual para poder aprender de ellos.

Nuestros hijos vienen al mundo con ideas claras. Saben quiénes son y para qué están aquí. Creo que en algún nivel de la conciencia padres e hijos hacen un pacto. Los padres se comprometen a ocuparse de la manutención de los hijos y a darles el apoyo necesario para desarrollar su forma (cuerpo, mente y personalidad) y aprender a desenvolverse en el mundo. Los hijos se comprometen a ayudar a los padres a tener un mayor contacto con su yo intuitivo. Como los niños todavía no han perdido su conexión consciente con el universo, pueden ayudarnos a reconectarnos con nuestro propio yo superior.

Nuestros hijos necesitan dos cosas de nosotros:

1. Necesitan que los reconozcamos por ser quienes son. Si vemos y sabemos que son seres espirituales, complejos y llenos de energía y desde un principio nos relacionamos con ellos tratándolos como lo que son, no esconderán su poder ni se desconectarán de su espíritu como lo hemos hecho muchos de nosotros. Su ser interior recibirá el apoyo y el reconocimiento necesarios para que se mantengan firmes y con ideas claras.

2. Necesitan que les demos el ejemplo de cómo lle-

var una vida efectiva en el mundo de la forma. Observan cómo vivimos y nos imitan. Como son muy receptivos y pragmáticos, imitan lo que realmente hacemos y no lo que decimos.

A cambio de hacernos responsables de esas dos cosas, nuestros hijos nos dan un infinito caudal de energía vibrante y vital. Los niños son canales de un gran poder y una gran claridad. Como todavía no han desarrollado mucho su sentido de la censura racional, actúan casi completamente por intuición, con total espontaneidad y sinceridad. Con sólo mirarlos, podemos aprender a dejarnos llevar por la energía y vivir en forma creativa.

Muchos padres no pudieron cumplir con sus responsabilidades como hubieran querido. En general, los padres han estado muy confundidos en lo que respecta a sus roles y responsabilidades. No tuvieron pautas claras ni modelos que los guiaran. Hasta hace poco tiempo en la historia de la humanidad, no se realizaban investigaciones sobre las relaciones entre padres e hijos, y aun hoy es difícil encontrar fuentes de información que nos ayuden a aprender a ser padres. La gran mayoría de la gente aprende a criar a sus hijos "por ensayo y error". Por eso todos se han equivocado mucho.

Conozco a muchos padres que se sienten tremendamente culpables y tristes por la forma en que han criado a sus hijos. Resulta útil recordar que los niños son seres espirituales, llenos de energía y responsables de su propia vida, que nos eligen como padres para poder aprender de nosotros las cosas necesarias para desenvolverse en esta vida. Resulta también de gran ayuda saber que a medida que crecemos y evolucionamos, nuestra transformación los apoyará y les resultará muy positiva para su propio crecimiento. Van a cambiar a medida que cambiemos, incluso si son adultos y viven lejos de nosotros. Todos los vínculos son telepáticos, por eso los hijos siguen siendo reflejos de sus padres cualquiera sea la distancia física que exista entre ellos.

Como no hemos estado en sintonía con nuestro propio ser, nos resultó difícil reconocer el espíritu de nuestros hijos y confiar en él. Pensábamos que eran menos responsables de lo que en realidad son, sólo porque no estaban desarrollados físicamente y no tenían una mente compleja.

He observado que mucha gente actúa como si los hijos fueran en cierta medida seres indefensos, o como si no se pudiera confiar en ellos, y los padres tuvieran que controlarlos y convertirlos en seres responsables. Los niños, por supuesto, perciben esa actitud y la reflejan en su comportamiento. Si en cambio reconocemos que son seres responsables, llenos de energía y espiritualmente maduros, se comportarán como tales.

Los niños como espejos

Como los niños pequeños son relativamente puros, son nuestros mejores espejos. Como seres intuitivos, están en sintonía con sus sentimientos y responden con sinceridad a la energía que sienten. Todavía no han aprendido a esconder lo que sienten. Cuando los adultos no hablan o no se comportan de acuerdo a sus sentimientos, los niños se dan cuenta de inmediato de esa discrepancia y tienen diversas reacciones. Observar sus reacciones puede ayudarnos a tomar conciencia de nuestros propios sentimientos reprimidos.

Veamos un ejemplo. Si tratamos de aparentar calma y por dentro nos sentimos molestos y enojados, nuestros hijos pueden reflejar nuestros sentimientos haciendo desorden o comportándose mal. Tratamos de no perder el control, pero ellos perciben la energía caótica que bulle en nuestro interior y la reflejan en su comportamiento. Por extraño que parezca, si expresamos directamente lo que en verdad sentimos sin tratar de ocultarlo ("Estoy muy molesto/a y frustrado/a porque tuve un mal día. ¡Estoy furiosa/o con el mundo, conmigo y con ustedes! Pórtense bien y así me voy a calmar y voy a tratar de aclarar lo que siento. ¡¿Pueden irse un rato y dejarme en paz?!"), lo más probable es que se calmen. Se sienten cómodos con la verdad y la congruencia entre nuestros sentimientos y nuestras palabras.

Muchos padres piensan que tienen que proteger a sus hijos de su propia confusión o de sus sentimientos "negativos". Piensan que ser un buen padre significa desempeñar un rol determinado: ser siempre paciente, generoso, sabio y firme. Lo que en realidad necesitan los niños es sinceridad; necesitan ver un modelo de ser humano que atraviese todos los estados de ánimo y experimente todos los sentimientos que un ser humano puede sentir y sea sincero al expresar lo que siente. Eso les da permiso y apoyo para quererse y les permite ser sinceros.

Compartir lo que sentimos con nuestros hijos no significa descargar nuestro enojo sobre ellos o culparlos por nuestros problemas. Tampoco significa que tengan que convertirse en nuestros terapeutas y ayudarnos a solucionar nuestros problemas. Cuanto más expresemos lo que sentimos con intensidad, menores son las probabilidades de que hagamos cualquiera de estas cosas. Pero como somos seres humanos, es probable que de vez en cuando descarguemos nuestro enojo y nuestra frustración sobre ellos. Cuando nos demos cuenta de que estamos descargando nuestro enojo en nuestros hijos, lo mejor es pedirles disculpas y olvidar el asunto. Es parte del aprendizaje para lograr vínculos profundos.

Los niños también nos sirven como espejos al imitarnos desde una edad muy temprana. Somos sus modelos de conducta, por eso desarrollan patrones de comportamiento similares a los nuestros. Así que podemos mirarlos a ellos para ver lo que estamos haciendo.

Cuando un niño hace algo que no nos gusta, debemos decirle cómo nos sentimos y ser directos. También debemos preguntarnos si ese comportamiento no refleja una conducta similar en nosotros o de qué manera quizá estemos fomentando lo que nos molesta en nuestro propio proceso.

Si nuestros hijos nos ocultan las cosas, por ejemplo, debemos preguntarnos si realmente hemos sido abiertos y sinceros con ellos. ¿Ocultamos algo a alguien o a nosotros mismos? ¿En algún sentido no confiamos en nosotros y por ende tampoco en ellos? Si nuestros hijos son rebeldes, deberíamos analizar la relación entre el tirano y el rebelde que llevamos dentro. Si nuestro tirano interior ejerce un gran control en nuestra vida, quizá los niños estén manifestando nuestro lado rebelde reprimido. O bien nos imitan, si es que a menudo manifestamos nuestro lado rebelde.

Observemos de qué manera estos problemas reflejan nuestro proceso interior. Si aprendemos de nuestra experiencia y crecemos, también crecerán nuestros hijos. Muchos de estos problemas pueden solucionarse si compartimos nuestros sentimientos de un modo profundo y sincero, y si aprendemos a apoyarnos y a alentar a nuestros hijos a que hagan lo mismo. Tal vez nos resulte útil hacer terapia familiar para que toda la familia aprenda a cambiar los viejos esquemas de conducta.

Mucha gente utiliza la crianza de los hijos como una excusa para no lanzarse a su propio aprendizaje y crecimiento. A menudo los padres pasan la mayor parte de su tiempo pendientes de que sus hijos lleven a cabo un buen aprendizaje y crecimiento. Como se hacen responsables de las vidas de sus hijos, dejan de hacerse responsables de su propia vida. Esta actitud hace que los hijos inconscientemente se sientan responsables de sus padres (porque sus padres se sacrifican por ellos) y eso es perjudicial. Tal vez imiten la actitud de sus padres y se hagan responsables de la vida de otras personas, o bien pueden rebelarse contra la presión que ejercen las expectativas de sus padres y hacer todo lo contrario de lo que ellos quieren.

Es necesario que los padres se hagan más responsables de sí mismos y no tanto de sus hijos. Recordemos que los hijos aprenden a través del ejemplo. Van a hacer lo que nosotros hagamos y no lo que les ordenemos hacer. Cuanto más aprendamos a cuidar de nosotros mismos y a llevar una vida plena y feliz, serán más felices e independientes.

Eso no significa que uno tenga que abandonar o ignorar a sus hijos. Ni que haya que permitirles hacer todo lo que quieran. Nos une a ellos un vínculo muy profundo y, como en todo vínculo, la comunicación y el cuidado mutuo es esencial. Es muy importante que todos expresemos nuestros sentimientos y necesidades y que fijemos límites claros. Además, hemos aceptado hacernos responsables de su cuidado físico y material. Tenemos derecho a pedirles que colaboren en ese proceso.

La clave está en nuestra actitud. Si realmente vemos a nuestros hijos como entidades responsables y capaces y los tratamos como a iguales en lo espiritual (aunque reconozcamos que tienen menos experiencia que nosotros en la forma), nos reflejarán esa actitud.

Debemos suponer que, desde el momento en que nacen, nuestros hijos saben quiénes son y qué quieren, y que tienen sentimientos y opiniones válidas sobre todas las cosas. Hay que pedirles su opinión acerca de las cosas en las que están inmersos aun antes de que aprendan a hablar y luego hay que dejarse llevar por la intuición y las señales que nos dan para interpretar sus respuestas. Por ejemplo, si vamos a salir, podemos preguntarles si quieren salir con nosotros o si prefieren quedarse en casa con una niñera. Confiemos en nuestros sentimientos acerca de cuál es su respuesta y actuemos de acuerdo a ella. Luego prestemos atención a las señales que nos dan. Si los llevamos con nosotros en una salida y lloran todo el tiempo, la próxima vez probemos dejarlos con una niñera.

Sigamos incluyéndolos en las decisiones y responsabilidades familiares a medida que crecen. Tratemos de dejar que tomen sus propias decisiones tanto como sea posible. Eso implicará que tendrán que enfrentarse con las consecuencias de sus propias decisiones. Debemos ofrecerles nuestro amor, nuestro apoyo y nuestros consejos, sin dejar de aclararles que son los únicos responsables de sus propias vidas. Además, es necesario fijar límites claros entre lo que está bien y lo que está mal. El hecho de que tomen sus propias decisiones no los autoriza a aprovecharse de nosotros. Tratemos sobre todo de comunicarles nuestros sentimientos sinceros y de preguntarles cómo se sienten. Casi todos los problemas familiares surgen a raíz de la falta de comunicación. Nuestros hijos no sabrán comunicarnos lo que sienten si no sabemos hacerlo nosotros.

A los padres a veces les resulta muy difícil dejar de vivir la vida de sus hijos y comenzar a vivir su propia vida. Para hacerlo, los padres deben estar dispuestos a admitir que dependen mucho de sus hijos y que les asusta la idea de dejarlos ir. Esos sentimientos se proyectan de un modo opuesto: los padres creen que sus hijos dependen de ellos y que no van a saber desenvolverse si los dejan solos para ocuparse de satisfacer sus propias necesidades. No es verdad. Lo real es que los padres se sienten dependientes de sus hijos, aunque a veces no sean conscientes de eso. Los niños despliegan tanta vitalidad y entusiasmo que los padres temen que su vida se vuelva aburrida y opaca sin ellos. O tal vez teman enfrentarse consigo mismos. Una vez que logren reconocer lo que sienten, podrán dar un tratamiento adecuado a ese vacío en su interior y en su vida. Empezarán a analizar qué es lo que quieren y cómo pueden satisfacer sus necesidades. Confiarán en su intuición y se dejarán llevar por sus impulsos.

A partir de ese momento, los hijos empiezan a realizarse. Quedan libres de la tarea inconsciente de hacerse cargo de sus padres y pueden comenzar a vivir su propia vida y a hacer lo que realmente necesitan. Pueden convertirse en los canales del universo que realmente son.

Una pareja amiga tiene una hija de cuatro años. Desde antes del nacimiento de la niña, sus padres empezaron a imaginarla como un ser hermoso y lleno de energía, y entraron en comunicación con ese ser. Estuve en su nacimiento, que ocurrió en su propia casa, y me pareció algo hermoso. Cuando nació, la tomé en mis brazos y me miró directo a los ojos (había oído decir que los bebés tan pequeños no pueden fijar la mirada de esa manera). Tuve la sensación de que tenía conciencia de lo que ocurría a su alrededor.

Esa niña fue criada según los principios que expusimos. Siempre se le dio el respeto que merecía y se la trató como a una entidad de un alto grado de conciencia. Gracias a esa crianza, es una niña sobresaliente. Su presencia se hace sentir dondequiera que esté y es fácil darse cuenta de que es un canal abierto para el universo.

Meditación

Nos ponemos cómodos, nos relajamos y cerramos

los ojos. Respiramos profundamente varias veces y nos replegamos hacia un lugar profundo de nuestro interior.

Vamos a traer a la mente la imagen de nuestro hijo. Lo miramos a los ojos y sentimos la presencia del ser poderoso que lleva dentro de sí. Nos tomamos un momento para vivir esta experiencia y recibir toda clase de sentimientos, ideas o impresiones acerca de quién es realmente nuestro hijo. Le comunicamos nuestro respeto y aprecio en nuestras propias palabras. Imaginamos que nuestro hijo nos comunica su respeto y su aprecio.

Vamos a repetir esta experiencia con cada uno de nuestros hijos. Esta meditación sirve para abrir la comunicación y dar paso al amor entre nosotros y nuestros hijos, ya sea que se trate de niños o de adultos.

Ejercicios

Vamos a tratar de decir siempre la verdad a nuestros hijos y confiarles nuestros sentimientos aunque esto nos haga sentir vulnerables e incómodos por no tener la situación bajo control. Vamos a pedirles su opinión y tratemos de prestar verdadera atención a lo que nos dicen. Si nos sentimos tentados a dar consejos, primero debemos preguntarles si quieren escucharlos. Si no quieren oír nuestros consejos, hablemos de nuestros sentimientos.

17

SEXUALIDAD Y PASION

La energía sexual es pasión y vitalidad. Es la fuerza vital, la fuerza creativa del universo. La clave para llevar una vida apasionada consiste en confiar en nuestra energía interior y dejarnos guiar por ella. Un mayor grado de confianza en nosotros mismos sumado a una mayor espontaneidad logrará que la fuerza vital fluya con más libertad y plenitud a través de nosotros. Nos sentiremos vivos cuando no tengamos temor de experimentar y expresar todos nuestros sentimientos. Entonces viviremos todo con más intensidad, y todo lo que hagamos nos dará una sensación de éxtasis.

Cuando confiamos en la energía del universo que fluye dentro de nosotros y nos dejamos guiar por ella, esa misma energía nos lleva a hacer lo adecuado en cada situación. Puede hacernos hablar o quedarnos callados, bailar o estar quietos, cantar, gritar, llorar o meditar. En las relaciones con los demás puede hacernos conversar, abrazar, sentarnos muy cerca del otro y, a veces, hacer el amor. La sensación de vitalidad está presente en todas esas experiencias y dejarnos guiar por esa energía y expresarla en forma natural, tal como la sentimos, nos dará una sensación de plenitud. Por eso mirar una flor o intercambiar una mirada con alguien puede darnos tanto placer como una relación sexual, si es allí donde se encuentra en ese momento la energía del universo. Nuestras vidas están llenas de la sexualidad del universo a pesar de que ciertas experiencias nos permiten sentirla con más intensidad que otras.

Desafortunadamente, muchos somos expertos en bloquear nuestra energía sexual. Tenemos miedo de nosotros mismos y sentimos temor de no saber adónde nos llevará esa energía. El instinto nos dice que la energía sexual tiene el poder de crear y transformar, y que en ella nada es seguro, estable ni sedentario. Eso asusta a nuestro ego y por eso aprendemos a reprimir nuestros instintos naturales en lugar de confiar en ellos. Nuestra familia, nuestros pares, la sociedad y las organizaciones religiosas sólo nos ayudan a reprimir, controlar o explotar lo natural, y los demás se limitan a reflejar el miedo que sentimos. Como dije en capítulos anteriores, el ego busca lo conocido, lo que le resulta familiar, lo que no cambia. Necesita que se lo reeduque para poder saber que la confianza en la intuición permitirá que la energía fluya a través de él y que traiga consigo alegría y felicidad.

En cierta medida, empezamos a ocuparnos más de nuestro cuerpo y nuestra energía sexual. Muchos hablamos de un modo más abierto acerca de nuestro cuerpo y de lo que sentimos respecto del sexo, aunque todavía en un nivel superficial. Todavía no logramos deshacernos de las creencias negativas ni de los malos tratos que nuestras células han ido acumulando durante siglos. A pesar de que afirmamos la belleza de nuestro cuerpo y el valor de ser muy directos al tratar los temas sexuales, quizás internamente sigamos creyendo que nuestra energía sexual es una fuerza pecaminosa y que encierra cierto peligro. No tenemos confianza en nosotros mismos.

Muchos todavía sostienen el concepto erróneo de que la energía espiritual se opone a la energía sexual, en lugar de reconocer que ambas forman parte de una misma fuerza. La gente trata de dividirse; trata de negar su sexualidad para ser más espiritual y así crea un gran conflicto en su interior y acaba por bloquear la misma energía que busca conseguir.

El universo es pura energía sexual a la espera de liberarse a través de nosotros. Esa energía ilimitada nos asusta y por eso tratamos de controlarla. Hemos establecido reglas y pautas para nuestra energía sexual en lugar de confiar en nosotros mismos en cada momento.

Nadie sabe cómo sería la energía sexual pura y completamente liberada porque siempre la vivimos de acuerdo a las reglas que nos hemos impuesto, ya sea acatándolas o rebelándonos contra ellas. Ambas actitudes nos impiden descubrir la verdadera naturaleza de nuestra energía sexual. Es imposible imponer expectativas externas a una energía tan sutil y variable.

Si ponemos límites a nuestra energía sexual, ésta se distorsiona. Si creemos que es algo que debe esconderse, ignorarse y controlarse, aprendemos a reprimir nuestro impulso sexual o a dejarlo actuar sólo en algunos momentos en que nos sentimos seguros. Y tanto nos acostumbramos a reprimir algo que es natural que aun al tener relaciones sexuales sentimos que ese impulso está muerto. La energía no sabe cómo abrirse paso. Un ejemplo clásico es el de una muchacha a la que se le ha inculcado reprimir sus deseos sexuales hasta el matrimonio y cuando se casa, se pretende que libere lo que retuvo durante años. Lo más probable es que tenga problemas en dejar fluir libremente la energía.

Muchos se niegan a acatar reglas represoras de la energía sexual y entonces se rebelan, dan rienda suelta a su instinto y tienen relaciones sexuales en todo momento, sin fijarse límites. Ese desenfreno a veces hace que se agote la energía porque tampoco proviene del interior. A medida que la energía se va agotando, buscan formas cada vez más estimulantes para lograr excitarse y así satisfacer sus necesidades. La satisfacción parece estar cada vez más lejos y cuanto más tratan de alcanzarla, más se les escapa.

Como dije antes, tanto si actuamos según nos lo indican las reglas externas como si nos rebelamos contra ellas, en realidad estamos ignorando a nuestra energía natural. Para ponernos en contacto con nuestra energía tenemos que dejar atrás nuestras viejas ideas y cambiar por completo nuestra forma de actuar. Tenemos que arriesgarnos a confiar en nosotros mismos, aprender a dejar atrás las reglas externas y luego descubrir nuestro propio ritmo para lograr el éxtasis.

Confiemos en nuestro cuerpo — Descubramos nuestra energía sexual

La energía sexual de cada persona es individual. Una vez que nos liberemos de todas las reglas, limitaciones y actitudes rebeldes, descubriremos nuestro propio fluir natural. Algunos se expresarán más sexualmente que otros, y así habrá quienes prefieran tener una sola pareja, ninguna pareja o muchas.

Creo que a través de nuestra sexualidad podemos alcanzar la inocencia. Podemos sentir que nuestra energía sexual es tan pura como la fuerza del universo que fluye dentro de nosotros. Podemos confiar en nuestra energía sexual y dejarnos guiar por ella sin que nos influyan los prejuicios, para poder estar libres y vivir el momento.

Para alcanzar la inocencia primero tenemos que recordar dónde hemos estado. Tenemos que identificar las viejas creencias, juicios y actitudes que nos han impedido expresar nuestra verdadera sexualidad.

Para ver más claro todo esto podemos imaginar una

situación en la que conocemos a alguien en una fiesta y nos atrae mucho. Podemos imaginarnos yendo directamente a la cama con esa persona, o bien podemos vernos reprimir nuestro impulso sexual porque estamos con otra persona. En ambos casos, estaríamos bloqueando la energía sexual, ya sea por apurar y forzar nuestros sentimientos o bien por tratar de ignorarlos. Estaríamos evitando el poder de sentir y disfrutar la energía sexual. También es posible que al darnos cuenta de que nos resulta difícil dejarnos llevar por la energía, nos sintamos bloqueados. Tal vez tengamos ganas de cambiar nuestros viejos esquemas de conducta para dejarnos llevar por la energía. En cualquier caso, no nos ayudará en nada tratar de cambiar todos nuestros prejuicios, limitaciones y rebeldías. Lo que sí ayuda es aceptarnos tal como somos. Si estamos dispuestos a aceptarnos con todas nuestras limitaciones, nuestro cuerpo se relaja y cambia a su propio ritmo, en lugar de resistirse al cambio.

Nuestro cuerpo ha desarrollado formas complejas de medir (o, mejor dicho, controlar) la energía que fluye a través de nosotros. Hasta ahora, nuestros prejuicios y limitaciones nos han resultado útiles, pues han disminuido el caudal de energía a un nivel que nos resulta cómodo. Algunos usan drogas o alimentos como medios para controlar y manipular el fluir natural de la energía. No obstante, aun cuando aparentemente aumentan la energía a través de un estimulante, en realidad siguen bloqueando el poder del universo. Lo mismo pasa con el sexo. La gente desarrolla formas de controlar la energía sexual. Entonces, o fuerzan sus deseos naturales y tienen una actividad sexual mayor de la que en realidad desean, o bien bloquean sus deseos sexuales. Ambas actitudes nos dan el control necesario para impedir que la energía del universo fluya a través de nosotros.

Sólo dejaremos de reprimirnos a través de nuestros

prejuicios, creencias negativas, expectativas y actitudes obsoletas cuando estemos listos para sentir nuestra energía sexual. El solo hecho de reconocer y aceptar las razones por las que nos reprimimos nos ayudará a liberar la energía.

La certeza de que confiaremos en nuestros sentimientos en todo momento nos dará la libertad de explorar nuestra energía sexual sin sentir la presión de que debemos hacerlo "bien". El sexo genera miedos, inquietud e inseguridad y esos sentimientos comienzan a aflorar a medida que empezamos a explorar nuestra energía. Es necesario que los aceptemos.

Veamos un ejemplo. Puede ocurrirnos que estemos haciendo el amor con una nueva pareja y de pronto nos venga a la mente un recuerdo de una pareja anterior y nos entristezca. Podemos elegir sentir esa tristeza y compartirla con nuestra pareja, o bien ignorar lo que sentimos y seguir adelante. Cualquiera sea nuestra elección, es importante analizar lo que hacemos y sentimos. Nuestro cuerpo se encargará de decirnos qué actitud nos hace sentir mejor.

En mi caso, la recompensa por dejarme llevar por la energía es lo bien que me hace sentir. Al mantenerme en contacto con la energía, me mantengo también en contacto con el universo que habita dentro de mí. Cada vez estoy más dispuesta a dejarme llevar por la energía por la sensación de vitalidad que experimento cuando lo hago.

El siguiente ejercicio nos ayudará a explorar nuestra energía sexual:

Supongamos durante una hora, un día o el tiempo que creamos adecuado que no tenemos preconceptos acerca de lo que son nuestros sentimientos sexuales y de lo que se supone que debemos o que no debemos hacer con ellos.

Antes de levantarnos, vamos a observar nuestro cuerpo y luego vamos a replegarnos hacia nuestro interior para tratar de encontrar un lugar inocente e infantil dentro de nosotros. Desde ese lugar de inocencia, imaginemos cómo será nuestro día. Nos preguntamos entonces cómo es nuestra energía sexual, cómo la sentimos, y cómo se siente nuestro cuerpo. Comencemos entonces a explorar los sentimientos o imágenes que nos vengan a la mente. Imaginemos cómo nos sentiríamos si nos dejáramos llevar por la energía en todo momento. Vamos a verlo e imaginarlo como si fuera algo real. Si surgieran pensamientos negativos, los identificamos y los dejamos ir por el momento.

Vamos a tratar de mantener ese sentimiento de renovación cuando nos levantemos y nos preparemos para empezar el día. Observemos cómo nos sentimos físicamente y cómo reacciona nuestro cuerpo frente a los encuentros que tenemos con los demás a lo largo del día. A medida que hagamos nuestras actividades diarias, tratemos de tomar conciencia de nosotros mismos, de nuestro cuerpo y nuestros deseos sexuales. Si sentimos una fuerte atracción sexual por alguien, prestemos atención a lo que sentimos y pensamos (por ejemplo: Voy a hacer algo... Tengo que seducirlo/a... Es casada/o... Soy casada/o... No cumple con mis expectativas... Es demasiado joven...). Tratemos de no apegarnos a ninguno de estos pensamientos. Si es posible, volvamos a ese lugar de inocencia que está en nuestro interior y tratemos de permanecer ahí. Si decidimos poner de manifiesto lo que sentimos, actuemos siempre desde ese lugar interior, y confiemos en la energía interior que nos guía.

Dejarse guiar por la energía en las relaciones

A menudo la gente quiere saber cómo fortalecer su energía en las relaciones afectivas. Por ejemplo muchas personas se preguntan cómo actuar cuando quieren tener relaciones sexuales y su pareja no, es decir, cuándo dejarse llevar por su energía significa tener un/a amante cuando se está en una relación monógama, y cuándo significa no tener relaciones sexuales aun cuando su pareja sí quiera tenerlas.

El miedo surge cuando lo que queremos no coincide con lo que quieren nuestros amigos o nuestra pareja. Sentimos miedo de que confiar en nosotros implique lastimar a los demás. Una vez más, lo mejor es confiar en uno mismo y en su energía sexual.

No creo que la energía del universo pueda lastimarnos o hacernos lastimar a los demás. Tal vez por un momento los que nos rodean puedan sentirse lastimados, pero si realmente confiamos en nuestra energía y nos dejamos guiar por ella, lo que hagamos va a fortalecer a los demás.

Si queremos tener relaciones sexuales y nuestra pareja no (o viceversa), debemos mantenernos en nuestra posición y expresar lo que sentimos. De esa forma, nuestra pareja va a reaccionar de acuerdo a lo que sentimos y ambos podremos alcanzar niveles más profundos de comunicación. Si nuestra pareja no quiere tener relaciones sexuales, debemos considerarlo como un reflejo de lo que sentimos internamente y preguntarnos qué ocurre dentro de nosotros. Tenemos que avanzar más hacia nuestro interior y tratar de ver cuál es el paso siguiente. Eso significa confiar en uno mismo. Tal vez necesitemos hablar con nuestra pareja pues quizás haya alguna culpa o enojo reprimido; tal vez necesitemos tiempo para estar solos y no lo hayamos reconocido. Es importante seguir sosteniendo y expresando lo que sentimos para que la energía pueda fluir libremente.

Debemos estar dispuestos a aceptar nuevas formas de vivir la sexualidad. La energía puede llevarnos simplemente a sentarnos o recostarnos junto al otro, abrazarnos, acariciarnos, o a adoptar alguna otra actitud que en general no consideramos sexual, pero que puede darnos la misma satisfacción. Si somos fieles a nuestros sentimientos, surgirán las acciones apropiadas a cada situación.

Suelen preguntarme qué hacer cuando estamos en pareja y nos sentimos atraídos por otra persona. Como dije en el capítulo sobre "Vínculos", no hay respuestas simples. En general, ponemos freno a nuestra energía, ya sea porque nos cerramos y pretendemos ignorar la atracción, o bien porque nos rebelamos contra las reglas que nos imponemos a nosotros mismos y nos sentimos aún más atraídos por la situación "prohibida". En ninguno de los dos casos estamos confiando en nuestra energía. En esta situación, necesitamos analizar nuestro interior con más atención para ver qué sentimos realmente. ¿Tratamos de ser más fieles de lo que en realidad somos porque nos sentimos culpables o por miedo a perder a nuestra pareja? ¿O bien estamos escapando de la intimidad con nuestra pareja buscando la diversión en otro lado? Es indudable que hay una gran necesidad de compartir abiertamente los sentimientos y de un mayor grado de sinceridad por parte de todos los que participan de esta situación.

A pesar de que situaciones como ésta puedan despertar temor por la carga emocional que conllevan, en realidad pueden hacer que nuestra habilidad para relacionarnos se vuelva más profunda. Tenemos que estar abiertos a la idea de que la sinceridad hará que la situación se resuelva de la manera que sea más conveniente para todos, y que todos obtendrán lo que realmente quieren y necesitan. Es posible que esa atracción que sentimos no desemboque en una relación sexual sino en otro tipo de vínculo menos conflictivo.

Mantener la pasión en las relaciones

Las relaciones comienzan a morirse cuando las personas dejan de decirse lo que en realidad sienten. Cuando las relaciones amorosas recién comienzan, los miembros de la pareja están más dispuestos a hablar sinceramente porque recién se conocen y todavía no se han vuelto dependientes uno del otro. Cuando la dependencia se instala en la pareja, se empiezan a ocultar los sentimientos por miedo a perder al otro.

La pasión no "desaparece". Nos deja cuando ya no hablamos abiertamente de nuestros sentimientos, cuando estamos dispuestos a perder nuestra identidad para no perder a la otra persona. Para sentir pasión, primero debemos ser sinceros con nosotros mismos y después con los demás.

La pasión es la verdadera intimidad entre los miembros de una pareja. A medida que nos convertimos en canales abiertos al fluir de los sentimientos, nos volvemos canales abiertos al fluir de la pasión y la alegría.

Meditación

Nos sentamos o acostamos en una posición cómoda. Cerramos los ojos y respiramos hondo varias veces. Cada vez que exhalamos, relajamos más el cuerpo. Respiramos hondo varias veces más y cada vez que exhalamos, relajamos la mente.

Cada vez que respiramos, nos relajamos en ese lugar profundo dentro de nosotros. Sentimos que la energía del universo pulsa desde ese lugar profundo y fluye a través de todo nuestro cuerpo. Esa energía es sexual y apasionada en su expresión.

Imaginamos que nuestra expresión es la energía del universo que fluye a través de nosotros hacia los demás. Nos imaginamos expresando nuestra pasión con nuestra pareja, con los amigos, en el trabajo, en proyectos creativos y en la diversión.

El poder que llevamos dentro es inocente, vivo, creativo y exótico. Podemos confiar en la energía que fluye a través de nosotros y en que expresar lo que sentimos es algo seguro.

Ejercicio

Para descartar las ideas obsoletas, los miedos, prejuicios y las creencias negativas acerca del sexo, recomiendo llevar a cabo un proceso de escritura. Así podremos ver cuáles son nuestros pensamientos negativos y nos daremos cuenta de cuándo nos dejamos guiar por ellos. Cuanto más conciencia tomemos de esto, será menos probable que esos pensamientos tengan algún poder oculto sobre nosotros.

1. Vamos a escribir todos nuestros pensamientos negativos y miedos acerca del sexo.

2. Una vez que hayamos hecho esto, cerramos los ojos y visualizamos una situación en la que le entregamos al universo todos nuestros miedos y prejuicios negativos. Respiramos profundamente y nos desapegamos de todo.

3. Vamos a escribir afirmaciones positivas para ayudarnos a vencer a nuestras ideas negativas. Veamos algunos ejemplos:

Idea negativa	**Afirmación positiva**
No encuentro pareja.	*Ahora estoy atrayendo a la pareja perfecta para mí. O: estoy atrayendo a alguien apasionado y divertido.*
No disfruto del sexo.	*Disfrutar del sexo es algo seguro y lo merezco.*

No tengo tiempo para el sexo. Siempre estoy demasiado cansada/o.	*Confío en mis sentimientos y los afirmo. Me hago tiempo para mí. Hablo abiertamente de mis sentimientos con mi pareja.*
No puedo confiar en mí en lo que respecta a mis deseos sexuales.	*Confío plenamente en mí. Confío en mis deseos sexuales y me dejo guiar por ellos.*
Tengo una actividad sexual demasiado intensa.	*Respeto mi propio ritmo. Entro en sintonía con lo que quiero y me dejo guiar.*

18

TRABAJO Y PLACER

Trabajo y placer son sinónimos. Cuando nos dejamos guiar por nuestra energía y hacemos todo el tiempo lo que en realidad queremos, la diferencia entre trabajo y placer desaparece. El trabajo ya no es lo que *debemos* hacer ni el placer lo que *queremos* hacer. Cuando hacemos lo que nos gusta, quizá trabajemos y produzcamos mucho más que antes, pero lo sentimos como algo placentero.

Las personas con las que trabajo, en grupo o en forma individual, a menudo se preguntan "qué van a ser cuando crezcan". ¿Qué van a hacer? ¿Cuál es su verdadero objetivo en la vida? Les digo siempre que cada uno tiene un propósito verdadero como canal del universo. Cuando seguimos la luz, todo se vuelve entretenido, creativo y transformador. Por eso, con sólo ser nosotros mismos en todo momento logramos hacer un aporte al universo. Ya no hay categorías rígidas: esto es trabajo, esto es placer. Todo se funde en el fluir del universo y el dinero fluye también hacia nosotros como resultado del canal abierto que se crea. Ya no trabajamos para ganar dinero. El trabajo deja de ser algo que hacemos para ganarnos la vida. La principal recompensa está dada por el placer que nos produce el poder expresarnos. El dinero llega como algo natural, como una parte más de la vida. Quizá trabajo y dinero ya no estén directamente relacionados, es decir que podemos sentir que hacemos todo lo que nuestra energía nos permite y que al mismo tiempo recibimos dinero. Ya no se trata de hacer algo y recibir dinero a cambio. Ambas cosas operan en forma simultánea pero no necesariamente en una relación de causa-efecto.

En el nuevo mundo es difícil restringir el trabajo y nuestro objetivo en la vida específicamente a una sola cosa. En lo que respecta a la elección de una carrera, nuestros viejos conceptos nos decían que cuando fuéramos adultos íbamos a tener que decidir cuál sería nuestra profesión y luego estudiar o cumplir con otros requisitos para poder ejercerla. La carrera que eligiéramos sería entonces para toda la vida.

En el nuevo mundo, muchos somos canales para varias cosas que pueden combinarse muy bien. Tal vez no hayamos encontrado nuestra carrera porque todavía no existe. El modo de expresión exclusivo de cada uno no existió nunca antes ni existirá otra vez. Si nos dejamos llevar por la energía, ella nos guiará en muchas direcciones. Empezaremos a expresarnos de muchas maneras, que luego se sintetizarán en un modo sorprendente, interesante, nuevo y creativo. Ya no diremos: "Soy escritor/a (o bombero, o ama de casa o maestro/a)". Podremos ser una combinación de todas esas cosas. Haremos lo que nos guste, lo que nos salga bien, aquello para lo que tengamos facilidad y que a la vez represente un desafío para nosotros. Cualquier cosa que hagamos nos resultará gratificante. Ya no se trata de hacer ahora cosas que nos gratificarán más tarde: "Voy a esforzarme ahora para después poder conseguir un trabajo mejor. Voy a esforzarme ahora para después poder jubilarme y disfrutar de la vida. Voy a esforzarme ahora para poder tener suficiente tiempo y dinero como para irme de vacaciones y divertirme". Lo que importa es la gratificación que obtenemos ahora. Como somos canales del universo, todo lo que hacemos se transforma en un aporte y aun las cosas más simples se vuelven importantes.

Es la energía del universo que fluye dentro de nosotros la que produce transformaciones, no las cosas que cada uno de nosotros hace. Cuando escribo un libro del que se desprende cierto grado de sabiduría, es la energía que hay en él lo que impacta a la gente. Es la energía del universo que fluye a través de mí y se conecta con los niveles más profundos de la conciencia de los lectores. Las palabras y las ideas no son más que "la cobertura de la torta". Son los elementos que nos permiten captar mentalmente lo que ya ha empezado a cambiar. No es tan importante que haya escrito este libro. Lo realmente importante es que me haya expresado, que me haya abierto y que haya permitido que la energía creativa fluyera a través de mí. Esa energía creativa penetra ahora en otras personas y otras cosas de este mundo. Yo siento la alegría de que esa energía fluya a través de mí y otras personas sienten la alegría de recibirla. Esa es la energía transformadora.

Ya sea que estemos lavando los platos, haciendo una caminata o construyendo una casa, si al hacerlo sentimos que estamos donde realmente queremos estar, ese sentimiento de plenitud y esa alegría que experimentamos también afectarán a los que nos rodean. Si estamos construyendo una casa y alguien pasa y nos ve trabajar, sentirá de inmediato el impacto de la plenitud que nos aporta esa actividad. Su vida se transformará a tal punto que se dejará influir por el impacto de la energía. A pesar de que tal vez no sepa lo que lo impactó, empezará a sentir la vida de un modo diferente. Lo mismo ocurre con nuestro ser. Si al entrar en un salón nos sentimos seguros de nosotros mismos, con plena conciencia de que somos un canal del universo, y nos expresamos del modo que nos haga sentir mejor, esa energía que surge de nosotros transformará a todos los que estén en ese salón. A pesar de que es posible que no se den cuenta de esa transformación, al menos no en forma consciente, veremos el resultado directo de nuestro canal en pleno funcionamiento. Veremos pruebas de ello al observar los cambios en los demás y será una experiencia que nos dará una increíble satisfacción.

Como vemos, no se trata de concentrarse en algo en particular, a pesar de que tengamos cierta inclinación a focalizar un área en especial. Quizás optemos por desarrollar ciertas aptitudes que luego utilizaremos para hacer que nuestro canal funcione como desee funcionar. Si decidimos hacer esto, llegaremos a esa decisión de un modo fácil y natural. El proceso de aprendizaje será tan gratificante como la puesta en práctica de lo aprendido, es decir que ya no es necesario sacrificarse en el presente para poder tener lo que queremos en el futuro. El proceso de aprendizaje será entretenido y nos despertará un gran entusiasmo. Sentiremos que es exactamente lo que tenemos ganas de hacer en ese momento. El aprendizaje de nuevas habilidades, la práctica e incluso ir a la escuela puede ser entretenido y gratificante si nos dejamos guiar por la intuición.

De la misma manera, el trabajo también puede ser un proceso de aprendizaje. Yo, por ejemplo, conduzco talleres, no porque haya asimilado cierta información que me convierta en la maestra y a ustedes en mis alumnos, sino porque me gusta compartir lo que sé de esta manera y a la vez me permite profundizar mi propio aprendizaje. Significa que no hay diferencia entre ser maestro o alumno, de la misma manera en que no existen diferencias entre el trabajo y el placer. Todo comienza a fundirse en una sola experiencia integral y equilibrada.

Muchos tienen una idea, al menos en su interior, de lo que les gustaría hacer. Pero a menudo esa idea está tan reprimida que sólo la sentimos como una fantasía que nunca podrá convertirse en realidad. Por eso trato de alentar a la gente a que se ponga en contacto con esas fantasías. Es importante que observemos y analicemos nuestras fantasías más increíbles acerca de cómo nos gustaría ser y qué nos gustaría hacer. Hay algo de verdad en esos deseos. A pesar de que parezca imposible, hay una pizca de verdad en esas imágenes. Nos están diciendo algo acerca de quiénes somos realmente y qué es lo que en verdad queremos.

Nuestras fantasías pueden decirnos de qué manera nos gustaría expresarnos realmente. Muchas personas saben bien lo que les gustaría hacer y sin embargo optan por una carrera opuesta a lo que les gusta. A veces buscan lo opuesto a sus gustos porque es algo más práctico o para ganar la aprobación de sus padres o del mundo. Creen que es imposible hacer lo que les gusta, entonces se disponen a hacer cualquier otra cosa. Yo siempre trato de alentar a la gente a que analice qué es lo que en verdad la entusiasma. Los siguientes son ejemplos de personas con las que he trabajado y muestran el análisis de su verdadero objetivo en la vida:

1. Una persona muy talentosa había trabajado durante años con enfermos terminales. A pesar de ser una enfermera brillante, sentía que necesitaba hacer algo que le permitiera expresarse de una manera más creativa. La alentamos para que trabajara menos tiempo como enfermera y se dedicara a conducir talleres y a dar charlas de orientación a la gente. Esa nueva actividad la hace sentir más plena y, en consecuencia, contagia ese sentimiento de plenitud a los que la rodean.

2. Fiel a la tradición familiar, Joseph se dedicó a los negocios con su padre y sus hermanos. Tenía un muy

buen desempeño en el negocio inmobiliario y en contrataciones. Sin embargo, sentía que quería hacer algo más con su vida. Todos los que participábamos del grupo lo alentamos para que expresara sus fantasías. Finalmente, admitió que quería dedicarse a la danza pero que temía que su familia reaccionara mal. El primer paso fue admitir frente a sí mismo qué era lo que en realidad quería hacer. Poco a poco, fue ganando confianza y se decidió a tomar clases de danza. Tenía mucho talento y pronto despertó el interés de su profesor; por eso, siguió cultivando esa forma de expresión artística. Además, cuando comenzó a expresar sus verdaderos deseos, se dio cuenta de que su familia también estaba dispuesta a apoyarlo.

3. Una amiga mía tenía tres hijos, dependía de la asistencia social y carecía de formación académica. Quería dedicarse a la actividad empresaria. Su intuición le decía que iba a manejar grandes cantidades de dinero, pero dada su situación, parecía un sinsentido. Sin embargo, decidió averiguar cuáles eran las posibilidades en el distrito financiero de San Francisco. La contrataron inmediatamente como recepcionista en una empresa y encontró una niñera perfecta para que cuidara de sus hijos. La ascendieron de recepcionista a asistente administrativa y siguió aumentando de nivel y de responsabilidades. De a poco se va acercando a su meta de ser accionista. Está muy contenta con su trabajo y sus hijos también.

4. Una señora que se incorporó a uno de mis talleres hace poco tiempo contó que había sido una pianista talentosa y que había tenido la esperanza de convertirse en concertista. Después, por varias razones (en especial por falta de confianza en sí misma) había abandonado su sueño. Trabajaba en una oficina y veía que, entre el trabajo y sus hijos, no le quedaba tiempo para la música. Después de quince años, le parecía que era demasiado tarde para retomar el piano. Sen-

tía que había pasado tanto tiempo sin practicar que ya no le quedaban esperanzas de ser una buena pianista. La alentamos a que empezara a tocar de nuevo a pesar de sus dudas. Le aseguré que si comenzaba a hacer lo que en realidad quería, su destreza iba a volver con facilidad. Al abrirse a esa idea, se fue abriendo también ante sí misma. Su sensación de desesperanza se transformó en una nueva sensación de poder. Llamó después de un tiempo para contarnos que había empezado a tocar de nuevo el piano y que se sentía muy bien. Un amigo le había pedido que tocara un acompañamiento para un grupo coral y se sentía muy entusiasmada con las posibilidades que se le abrían en el terreno musical.

Meditación

Nos sentamos o nos acostamos en una posición cómoda. Cerramos los ojos y nos relajamos. Respiramos hondo varias veces, muy lentamente, y cada vez que respiramos, vamos a relajar el cuerpo un poco más. Respiramos varias veces más y relajamos la mente. Nos liberamos de todas las tensiones. Imaginamos que nuestro cuerpo está a punto de hundirse en el suelo, en la cama o en la silla.

Desde ese lugar profundo y relajado de nuestro interior, nos imaginamos haciendo lo que de verdad nos gusta. Tenemos una carrera fabulosa que nos resulta entretenida y gratificante. Hacemos lo que siempre soñamos y obtenemos grandes sumas de dinero.

Nos sentimos relajados, con más energía, más creativos y llenos de poder. Nos va bien en lo que hacemos porque es exactamente lo que nos gusta hacer.

Nos dejamos guiar por la intuición en todo momento y obtenemos una gran recompensa a cambio.

Ejercicios

1. Vamos a dejarnos llevar por nuestros impulsos en lo relacionado con nuestros deseos acerca del trabajo/placer. Aunque nos parezcan descabellados, nos dejamos llevar por los impulsos. Tomemos por ejemplo el caso de una persona de sesenta y cinco años que siempre quiso dedicarse a la danza. Lo mejor que puede hacer es ir a ver una clase de danza o directamente tomar la clase. Luego puede mirar un espectáculo de ballet e imaginar que es bailarín o bailarina. Cuando esté en su casa, puede poner música y bailar. Eso le permitirá entrar en contacto con esa parte de sí que quiere expresarse de esa manera. Tal vez logre bailar mejor de lo que imaginaba, o tal vez conozca otras formas de expresión que le den el mismo placer.

2. Vamos a hacer una lista de las fantasías que tenemos en relación al trabajo, la carrera o la creatividad, y además, hagamos una lista de las acciones que planeamos llevar a cabo para explorar esas fantasías.

3. Describamos una "escena ideal": una descripción de nuestro trabajo o nuestra carrera ideal, tal como lo soñamos. Vamos a describirla en presente, como si estuviera ocurriendo ahora mismo. Incluyamos muchos detalles para que parezca más real. Guardemos esa descripción y volvamos a leerla dentro de unos meses, o quizás uno o dos años. A menos que nuestras fantasías cambien mucho en ese lapso, lo más probable es que hayamos hecho grandes progresos para alcanzar nuestro sueño.

19

DINERO

El dinero es un símbolo de nuestra energía creativa. Hemos inventado un sistema por el cual usamos trozos de papel o de metal para representar cierta unidad de energía creativa. Los lectores de mis libros o los participantes de mis talleres usan su energía para ganar dinero, que luego me dan a mí a cambio de la energía que yo les entrego al escribir o al conducir talleres, y así sucesivamente. Como la energía creativa del universo presente en todos nosotros es ilimitada y está siempre disponible, lo mismo puede ocurrir con el dinero. Cuanto más dispuestos estemos a abrirnos al universo, más dinero tendremos. La falta de dinero no es sino un reflejo del bloqueo interno de la energía.

Nuestra habilidad para ganar dinero y saber gastarlo se basa en la habilidad para ser canales del universo. Cuanto más sólido y abierto sea nuestro canal para el universo, más energía y dinero fluirá a través de él. Cuanto más dispuestos estemos a confiar en nosotros mismos y a arriesgarnos a seguir a nuestra guía interior, más dinero tendremos. ¡El universo nos pagará por ser nosotros mismos y hacer lo que nos gusta!

El dinero en el viejo mundo

El viejo mundo se basa en nuestro apego al mundo físico. Buscamos la satisfacción en lo externo. Como creemos que para sobrevivir es necesario tener cosas externas, tal vez pensemos que la plenitud se encuentra en la riqueza material.

En el viejo mundo se puede construir una sólida estructura financiera y ganar mucho dinero aprendiendo a desenvolverse en lo externo con eficacia (el viejo aspecto masculino). Sin embargo, puesto que nuestras acciones no se basan en las instrucciones del universo que surgen de nuestro aspecto femenino interior, la construcción de una estructura financiera implicará grandes luchas y miedos, y pagaremos un precio demasiado alto por tener dinero. Tal vez ganemos dinero, pero sentiremos que nos domina. Pensamos que el dinero en sí mismo es importante: "Si me alcanza el dinero, voy a poder hacer tal o cual cosa y ser feliz", o "Si gano dinero, me voy a sentir bien conmigo mismo/a y voy a ser feliz", o bien "Si tengo dinero, otros se van a sentir atraídos por mí y eso me hará feliz". Desde ese punto de vista, el dinero parece ser lo más importante, pero si se lo valora de esa manera, siempre será un problema.

Si tenemos muy poco dinero, estamos siempre luchando para tener más y vivimos con miedo de que no nos alcance. Siempre sentimos ese dolor intenso de no tener lo que necesitamos. Si tenemos mucho dinero, también es doloroso porque vivimos con miedo de perderlo.

La gente que no tiene dinero no se da cuenta de que la gente de mucho dinero también siente miedo. Quienes tienen mucho se sienten inseguros porque en cualquier momento pueden perderlo todo. Pueden ocurrir circunstancias que no puedan controlar, como una mala inversión o un robo. Por eso, si basamos la seguridad en el dinero, no importa lo mucho o lo poco que tengamos, siempre nos sentiremos inseguros.

Si no nos damos cuenta de que el dinero es un símbolo de la energía infinita y pensamos que en el mundo sólo hay una cantidad limitada de dinero, nos quedan dos opciones: tener mucho dinero y sentirnos culpables, o bien no tener dinero y sentir resentimiento hacia los que sí lo tienen. Si optamos por tener mucho dinero, viviremos sabiendo que hay otros que tienen menos que nosotros. Quizá sintamos el temor de que nuestra abundancia sea la causa de la escasez de los demás. Para hacer desaparecer el sentimiento de culpa, podemos ignorarlo o negarlo, o bien tratar de aliviarlo ayudando a quienes tienen menos.

Por otro lado, podemos optar por decirnos: "No voy a cargar con esa culpa. No quiero tener más de lo que me corresponde. De todos modos, no me importa el dinero. Voy a vivir con lo mínimo indispensable. Así voy a asegurarme de que no le quito nada a nadie". El problema con esa actitud es que nos hace sentir desposeídos. Vemos todas las cosas hermosas que hay en el mundo y nos lamentamos por no poder comprarlas. Vemos a otros que tienen más dinero de lo que correspondería y sentimos resentimiento hacia ellos. Es decir que, en el marco del viejo mundo, debemos elegir entre la culpa o el resentimiento.

La estructura del viejo mundo exige que actuemos impulsados por la fuerza de nuestro ego, en lugar de dejar que el universo nos guíe. Creemos que debemos trabajar duro para lograr lo que queremos y nos guiamos por una ética del trabajo que nos dice: "Hay que trabajar duro, sacrificarse y luchar". Muchos tenemos esa idea tan arraigada que no nos permitimos triunfar si no es a través del sacrificio, la lucha y el trabajo arduo. Si triunfamos y ganamos mucho dinero, pagamos por ello un alto precio por el daño emocional y a veces incluso físico que nos ocasiona. Hay quienes llegan a enfermarse y morir por esa causa. Luchan y se sacrifican emocionalmente, y al fin, aunque hayan triunfado, siguen sintiéndose desposeídos y vacíos.

Otra actitud muy generalizada es la de resistirse a ganar dinero. Hay quienes se dicen: "Miren lo que se logra con el dinero: sacrificio, dolor, pérdida de uno mismo... No me voy a preocupar por el dinero. Voy a vivir con lo mínimo indispensable". A menudo las personas más sensibles y que se inclinan por lo espiritual suelen optar por esta actitud para poder dedicarse a cosas más "significativas". El problema es que de esa manera en realidad se privan de una de las cosas más hermosas y estimulantes que hay en la vida. Si negamos el dinero, también estaremos negando una gran parte de la energía del universo. La gente que se inclina por negar lo material, en general no sabe manejar dinero y no le interesa aprender nada al respecto.

El dinero en el nuevo mundo

El nuevo mundo se basa en la confianza en el universo que albergamos en nuestro interior. La inteligencia creativa y la energía del universo son las fuentes fundamentales de todo. Por eso, una vez que nos conectamos con esa energía y nos entregamos a ella, todo nos pertenece. El vacío se llena desde el interior.

Nos damos cuenta de que el dinero es un reflejo de la energía que fluye a través de nuestro canal. Cuanto más aprendamos a desenvolvernos en el mundo dejándonos guiar por nuestra intuición, más sólido será nuestro canal y mayor será la cantidad de dinero que tengamos. El dinero que obtengamos en la vida depende de nuestra habilidad para escuchar a nuestra guía interior y de nuestra voluntad de arriesgarnos a dejarnos llevar por ella. Cuando nuestro ego deja de controlarnos y aprendemos a escuchar y a seguir los consejos del universo, vamos obteniendo más dinero. Fluye con facilidad y sin esfuerzo porque no implica sacrificios. En lugar de apegarnos al dinero, disfrutamos de la alegría que nos produce aprender a dejarnos guiar por la energía del universo. El dinero no es más que una ventaja extra.

Sabemos que el dinero en realidad no nos pertenece a nosotros sino al universo, y que somos los responsables de administrarlo. Lo usamos sólo como nos lo indica el universo a través de la intuición. No tenemos temor de perder nuestro dinero porque sabemos que el universo se hará cargo de nosotros. El dinero puede ir y venir, pero nunca perderemos la alegría y la plenitud. A medida que sentimos esa seguridad y libertad, atraemos cada vez más dinero, por lo que continuamente nos vemos forzados a profundizar nuestra confianza y obtenemos intereses cada vez mayores. Así, por ser canales del universo, a muchos nos tocará manejar grandes sumas de dinero desde ese lugar de entrega total y compromiso con el poder superior. Esta es una de las formas en las que el poder del universo puede utilizarse con eficacia para lograr la transformación del mundo.

Aspectos activo y receptivo

El proceso de canalización de dinero, al igual que todo proceso creativo, tiene aspectos activos y receptivos. El aspecto activo-masculino del proceso de hacer dinero consiste en salir a buscar aquello que uno quiere. El aspecto receptivo-femenino, en cambio, consiste en atraer.

Debemos hacer ambas cosas. Es necesario liberar la energía expansiva que quiere avanzar hacia un objetivo y arriesgarnos a dejarnos llevar por ella. Tenemos que apreciarnos, apoyarnos y entrar en sintonía con nuestro ser interior para poder atraer y recibir lo que queremos. Muchos tienen desarrollado uno u otro aspecto; es decir, saben salir a buscar lo que quieren pero les cuesta mucho atraerlo, o bien saben atraer pero no buscar. Por eso se hace necesario un proceso de equilibrio. Quizá necesitemos aprender a recibir los regalos, los agradecimientos, el amor y la energía que lleguen a nosotros. O tal vez nos haga falta aprender a transmitir nuestra energía al mundo. De esta manera, la energía no se traba en ninguno de los dos extremos.

En la práctica, esto significa estar dispuestos a correr ciertos riesgos en el área del trabajo y el dinero. Si nos limitamos a hacer sólo lo que creemos que deberíamos hacer para ganar dinero y sentirnos seguros, no estaremos escuchando la voz de nuestra intuición que nos dice lo que realmente es necesario hacer.

Actuar de esa forma puede darnos miedo cuando se trata de nuestro trabajo y nuestro dinero. La gente a menudo se hace preguntas como éstas: "¿Qué hago si un día mi intuición me dice que no vaya a trabajar? ¿Qué hago? ¿Pierdo mi empleo?". Si no ir un día a trabajar nos parece demasiado arriesgado, quizá todavía no sea la mejor opción para nosotros. Tal vez sea mejor avanzar de a poco y al principio dejarse llevar por impulsos menos comprometedores. Podemos tomarnos medio día o planear un fin de semana largo. Y un día, podemos despertar y sentir que no tenemos ganas de ir a trabajar. Entonces, seguiremos adelante según lo que sintamos y eso nos hará sentir bien. En general, cuando mi voz interior me pide que haga algo así, es porque necesito paz, tranquilidad, tiempo creativo para permitir que sobrevenga la inspiración, o simplemente tiempo para sentir viejos sentimientos que bullen en mi interior y que debo liberar.

Si nos arriesgamos a dejarnos llevar por nuestros

impulsos, sentiremos una renovación en la energía que se pondrá de manifiesto algunas horas o días más tarde. Podremos regresar y haremos lo que haya que hacer muchísimo más rápido. Lo haremos con mayor inspiración y creatividad. Todo es posible si nos atrevemos a arriesgarnos y a confiar en nosotros mismos. Por ejemplo, si en lugar de ir a trabajar decidimos quedarnos en casa, puede llamarnos alguien para ofrecernos un trabajo mejor en el que nos pagarán mucho más (eso le ocurrió a un amigo mío). Podemos tener un momento de inspiración creativa que nos haga abrirnos a una oportunidad entretenida y próspera, o podemos sentir el impulso de ir a visitar a un amigo y que éste nos guíe a una gran aventura. En cambio, si no nos gusta nuestro trabajo, no recuperaremos la energía para volver a él. Además, como nuestra verdadera energía creativa está bloqueada, seguiremos sintiendo un bloqueo en lo financiero y es posible que abandonemos nuestro empleo.

El tema del dinero refleja todo el tiempo lo que de verdad queremos hacer. El universo nos recompensará por arriesgarnos por él. No obstante, es importante tener en cuenta que los riesgos deben ser proporcionales al nivel de la estructura que estemos construyendo. Por ejemplo, si apenas estamos empezando a dejarnos guiar por la intuición, no sería muy conveniente hacer un negocio por un millón de dólares basándonos en un impulso. Como tampoco nos arrojaríamos desde lo alto de un edificio con la esperanza de poder volar. Es importante empezar con cosas pequeñas, tratar de dejarnos llevar por la intuición en las cosas cotidianas. Sepamos decir no, aunque nos sintamos presionados a decir sí. Tratemos de hacer siempre lo que queramos, aunque no sepamos por qué. Actuemos por impulso. Hagamos esa llamada. Tomemos ese día libre. Pensemos en las cosas que nos gusta hacer y hagámoslas. Eso nos permitirá afirmarnos hasta el momento en que estemos listos para dar el gran salto.

Equilibrio

Una vez que asimilamos el proceso básico de aprendizaje para dejarnos llevar por la intuición, tenemos listo el terreno para canalizar dinero. Hay sin embargo algunos aspectos relacionados específicamente con el dinero que aún nos quedan por saber.

El equilibrio es una cualidad importante para la construcción de la estructura de nuestro canal. Si hasta ahora nos habíamos volcado a un extremo, quizá debamos inclinarnos al otro extremo para equilibrar los aspectos receptivo y activo. Por ejemplo, los que siempre fueron descuidados con el dinero o los que negaron su existencia e importancia deberían ocuparse de aspectos relacionados específicamente con lo monetario, como por ejemplo aprender a manejar una cuenta bancaria, a mantenerse dentro de un presupuesto y adquirir conocimientos sobre las reglas que rigen el funcionamiento del dinero en el mundo. Les resultará muy interesante. Todo lo que se relaciona con el dinero ya no será algo que bloqueará el espíritu sino que abrirá el camino para que lo espiritual fluya aún más.

Las personas que no están informadas sobre el manejo de dinero en general han optado por ignorar las estructuras monetarias porque sienten que las reglas, las disposiciones y los detalles les impedirán disfrutar de la magia de la vida. Tienen miedo de pasar demasiado tiempo usando su mente racional en lugar de dejarse llevar por el fluir del universo. Para combatir ese miedo, hay que entrar en sintonía con el universo y pedirle orientación. Hay que tratar de aprender las reglas monetarias de un modo placentero; por ejemplo, se puede contratar a una persona que nos organice las finanzas y nos enseñe a hacerlo. Aprender a manejar dinero no debe ser un proceso doloroso ni aburrido sino algo que nos dé energía y apoyo.

Los que siempre fueron muy estructurados en cuanto al manejo de dinero tal vez deban dejar de lado las estructuras, dejar de atarse a las reglas y dejarse influir por el aspecto intuitivo del espíritu monetario. Hay que dejarse guiar por la intuición y atreverse a correr más riesgos y actuar de un modo diferente a lo habitual.

Los que han sido siempre muy ahorrativos deben aprender a gastar más dinero por impulso y a dejarse llevar por la intuición y verán que sus impulsos no los conducirán a la ruina. En realidad, la intuición genera un mayor flujo de dinero y nos capacita para gastarlo cuando sea conveniente.

Los que han sido descuidados con el dinero y han gastado siempre más de lo que en realidad tenían quizá necesiten aprender a planificar sus gastos y a mantenerse dentro de un presupuesto. También en este caso es necesario dejarse llevar por un sentimiento interior. Si nos abrimos a ese sentimiento, nuestra intuición nos dirá: "Aprende a planificar los gastos y a respetar un presupuesto". La intuición los ayudará y no los hará sentir limitados. Los llevará a conectarse con personas que puedan enseñarles a ser más estructurados y eso se convertirá en un proceso interesante que fortalecerá su canal.

Focalización en el uso del dinero

Otro punto importante acerca del manejo del dinero es que éste siempre irá dirigido a lo que hayamos creado en nuestra vida para recibirlo. Como el dinero es energía, lo atraerán nuestras necesidades, expectativas y planes. Si siempre hemos utilizado el dinero para satisfacer nuestras necesidades básicas, allí irá todo dinero extra. Si atraemos más dinero a nuestra vida, quizá tengamos una tendencia a aumentar nuestras necesidades básicas, de modo que seguiremos teniendo lo mínimo indispensable.

Eso me ocurrió durante mucho tiempo. Estaba programada para pensar: "No puedo tener más dinero del necesario. Eso está mal". Entonces fui creando nuevas necesidades, que no siempre eran muy provechosas. Por ejemplo, gastaba mucho para arreglar mi auto cada vez que se rompía, o bien llevaba a mi gato a un veterinario que cobraba mucho, es decir que gastaba todo el dinero extra en alguna emergencia o en algo indispensable. No me quedaba nada de dinero para diversiones, entretenimientos creativos o lujos.

Me di cuenta de que necesitaba crear un presupuesto que tuviera en cuenta mis gustos además de mis necesidades. Empecé de a poco. Me dije: "Me gustaría comprarme por lo menos una prenda lujosa por mes. También me gustaría hacer alguna actividad entretenida". Decidí incluir eso en mi presupuesto, de manera que el dinero surgiera de algún modo para cubrir esos gastos. Eso es lo bueno de planificar. Un presupuesto es como un anteproyecto. Si hacemos una lista, una imagen mental de lo que quisiéramos tener en la vida, obtendremos el dinero necesario para conseguirlo. Así podremos ampliarnos paso a paso.

Mi historia monetaria

Durante la mayor parte de mi vida adulta tuve muy poco dinero. Nunca me preocupé mucho por el dinero. En realidad sólo me preocupaba por hacer lo necesario para pagar el alquiler y los servicios, y dedicaba la mayor parte de mi tiempo y mi atención a mi formación y a la búsqueda de un mayor grado de conciencia y de expansión creativa.

Hice de todo un poco para ganarme la vida; trabajé en proyectos creativos, en el servicio doméstico, en otros trabajos generales y hasta tuve mi propio negocio. Solamente una vez en toda mi vida tuve un empleo de tiempo completo... ¡y durante seis meses!

Estaba acostumbrada a vivir con lo justo y no me importaba mucho de dónde salía el dinero. En esos años aprendí a confiar en que de una u otra manera el dinero iba a llegar. A veces gastaba hasta el último centavo y sabía que de alguna forma iba a aparecer más dinero. Sentía que se hacían cargo de mí.

Con el tiempo, a medida que empecé a usar ese proceso cada vez más, es decir a medida que aprendí a confiar en mi intuición y dejarme guiar por ella, a escuchar a mi guía interior y a arriesgarme a salir al mundo, comencé a ganar más. Empecé a llevar una vida de más abundancia y llegó el momento en que ganaba realmente mucho dinero, vivía en un hermoso departamento y hacía lo que realmente me gustaba. Me acostumbré a contar con esa suma de dinero, a pesar de que no era algo seguro. Seguía viviendo al día, pero el dinero seguía fluyendo. Afirmaba todo el tiempo mi confianza en que el universo se haría cargo de mí y trataba de dejarme guiar por él.

Llegó el día en que me quedé sin dinero. Sucedió algo inesperado y me quedé sin nada. Pagué el alquiler y los servicios y cuando miré mi cuenta bancaria, me di cuenta de que me había quedado sin dinero. No tenía ahorros ni ningún otro recurso para subsistir. Me asusté mucho, sobre todo porque a esa altura ya me había acostumbrado a tener cierta cantidad de dinero. Lo que me sorprende es que el miedo me duró apenas cinco minutos. Pensé: "¡Dios mío! ¿Qué voy a hacer?", y enseguida recuperé la calma y sentí que ya no tenía miedo. Sabía que iba a estar bien.

Un punto clave en todo eso fue que sabía que iba a hacer cualquier cosa que me indicara el universo. Recuerdo que pensé: "Bueno, me encanta mi departamento pero podría dejarlo. Adoro todas las cosas que tengo pero podría dejarlas. Si el universo quiere que viva en carpa en el patio de una casa, lo voy a hacer. Tal vez sea fascinante".

Sentí una gran confianza y supe que nada de lo que tenía era tan importante y que en realidad no iba a perder. Cualquier cosa que hiciera a partir de entonces sería hermosa, a pesar de que quizá fuera muy diferente. Se iban a hacer cargo de mí. No se trataba sólo de algo intelectual, porque intelectualmente ya lo sabía desde hacía tiempo. Haber vivido esos cinco minutos de miedo me hizo sentir que ya no tenía nada que temer; sabía que en lo emocional estaba bien. Fue una experiencia muy profunda.

Terminé por reducir mis gastos y mi estilo de vida. Eso me hizo sentir bien y no sentí ninguna pérdida. En realidad, fue una experiencia que me hizo tener cierta disciplina. El universo se encargó de darme todo y así llegó el dinero para cubrir mis gastos y sentí un gran alivio. Sabía que había alcanzado realmente el nivel en que se encontraba mi forma, es decir que no estaba adelantada a mí misma. Y a partir de ese momento fue como volver a la Tierra y empezar a construir sobre una base sólida, que era la confianza en el universo. De allí en adelante, supe que el fluir de dinero en mi vida seguiría aumentando y que nunca más iba a quedarme sin nada.

Desde que sucedió eso, hace dos años, fui teniendo cada vez más dinero. Ahora estoy aprendiendo a disfrutarlo de verdad y a dejar que mi guía interior me indique en todo momento lo que tengo que hacer. He logrado un nivel financiero que nunca antes había alcanzado. Entonces empecé a darme cuenta de que debía manejar todas esas cosas desde un lugar en que el universo me guiara totalmente. Había aprendido a dejarme guiar por el universo en un nivel de mi existencia y el nuevo desafío era dejarme guiar en un nivel más amplio en el que los intereses eran más altos.

Al verme frente a ese nuevo nivel de prosperidad, me sentí ignorante. Sabía que necesitaba ayuda, por lo que le pedí al universo que me enviara los canales necesarios para enseñarme y guiarme en este área. Tuve entrevistas con varios asesores financieros y finalmente encontré a un contador y a un administrador que me ayudaron a aprender lo que necesitaba.

Una vez estuve en Hawai conduciendo unos talleres y tuve la oportunidad de comprar allí unos terrenos y, al mismo tiempo, de aprender a confiar aún más en mi intuición. Durante mucho tiempo había pensado en comprar tierras y crear un centro para el retiro y la meditación. Hawai me parecía un lugar ideal para eso pero en realidad no estaba buscando nada por el momento; lo veía como un proyecto para el futuro. Y de pronto un terreno hermoso cayó literalmente en mi falda. Me hablaron de él, lo vi y me enamoré. Se vendía a muy buen precio.

La razón me decía que no era el momento adecuado para hacer una inversión como ésa pero la intuición me incitaba a seguir adelante. Entonces dije a mi poder superior: "Voy a hacerlo porque siento que hay energía en todo esto. Si no crees que sea el momento adecuado y no quieres que lo haga, simplemente haz que se bloquee e impide que siga adelante".

Estaba segura de que la compra no se iba a poder concretar porque en verdad sentía que no era el momento apropiado. Sin embargo, todo parecía llevarme milagrosamente a realizarla. Cuando llegó el momento de tomar la decisión final, seguía preguntándome: "¿Tengo que hacerlo?". Mi administrador me advirtió que la inversión no tenía mucho sentido práctico. A pesar de que siempre me apoya en mis proyectos, esa vez reflejaba la parte de mí que dudaba de la validez de ese impulso. Seguía pensando que no era una buena idea pero algo en mi interior me decía: "Hazlo".

Sabía que lo que hacía no tenía mucha lógica pero me dejé llevar por la intuición. Compré el terreno y todo se desarrolló con mucha facilidad. Me sentía muy bien. Sabía que había dado el gran salto hacia un nivel completamente nuevo de confianza en mí misma y que estaba dispuesta a ser un canal del universo y a dejarme llevar por la energía.

Meditación

Nos sentamos o nos acostamos en una posición cómoda. Cerramos los ojos y respiramos normalmente. Cada vez que respiramos, alcanzamos un nivel más profundo de relajación.

Tomamos conciencia de cómo nos sentimos. ¿Cómo nos sentimos emocionalmente? ¿Qué sentimos físicamente? ¿Cómo sentimos la energía de nuestro cuerpo? Imaginemos que incorporamos más energía cada vez que respiramos. Nos sentimos llenos de vitalidad y energía.

Empezamos a imaginar esa energía en forma de dinero. Vemos que el dinero fluye a través de nuestro cuerpo. A medida que nos abrimos a nuestra propia energía, nos abrimos a la abundancia. Hay una infinita cantidad de dinero a nuestra disposición.

Imaginemos todo el dinero que desearíamos tener. Lo vemos frente a nosotros, lo tocamos y jugamos con él. Nos tomamos un tiempo para ver ese dinero en nuestra vida. Vemos que viene a nosotros, que lo atraemos y fluye hacia nosotros sin esfuerzo.

Nos imaginamos rodeados de todo lo que puede comprar el dinero. Vemos nuestra vida llena de belleza y creatividad. Vemos que tenemos muchas cosas hermosas: ropa, casas, autos y el estilo de vida que soñamos. Gastamos el dinero en forma creativa y divertida. El dinero fluye hacia nosotros y a la vez lo irradiamos con facilidad.

Nos sentimos abiertos a la energía que hay en nuestro cuerpo y a la infinita suma de dinero que está a nuestra disposición.

Ejercicio

La falta de dinero sólo es un reflejo de la energía que está bloqueada dentro de nosotros. Hagamos entonces una lista de las diversas formas en que limitamos nuestros deseos y nuestra creatividad. ¿De qué manera dejamos de hacer lo que nos gusta?

Veamos algunos ejemplos:

1. Trabajo todo el día en una oficina haciendo tareas administrativas cuando en realidad me gustaría trabajar con niños.
2. Quiero meditar, pero no me alcanza el tiempo.
3. Me gustaría dedicarme más a mi arte pero no tengo tiempo; tengo que trabajar para ganarme la vida.
4. Quiero decirle a mi mamá (o a mi amigo, o a mi pareja) cómo me siento pero tengo miedo de lastimarla.

Luego nos imaginamos haciendo exactamente lo que queremos en cada una de estas situaciones.

20

SALUD

Nuestro cuerpo es nuestra primera creación, el vehículo a través del cual nos expresamos en el mundo físico. Es como un trozo de arcilla que se moldea para expresar los esquemas que la energía forma dentro de él. Al mirar nuestros cuerpos, escucharlos y sentirlos, podemos leer en ellos muchos de los esquemas que forma nuestra energía mental, emocional y espiritual. El cuerpo nos ofrece el primer mecanismo de respuesta capaz de mostrarnos los efectos positivos y negativos de nuestra manera de pensar, de vivir y de expresarnos.

Todo niño normal que ha vivido en un medio relativamente positivo tiene un cuerpo hermoso y vital. Esa belleza y vitalidad son simplemente producto de la energía de vida natural del universo que fluye libremente sin verse bloqueada por hábitos negativos. Los niños pequeños que crecen en un medio alentador son seres totalmente espontáneos. Comen cuando tienen hambre, se quedan dormidos cuando están cansados y expresan exactamente lo que sienten. Por eso su energía jamás se bloquea y es su propia energía natural la que los mantiene constantemente renovados y revitalizados.

Como casi ninguno de nosotros tuvo una crianza casi perfecta, muy pronto empezamos a desarrollar hábitos que van en contra de la energía natural. Esos hábitos están diseñados para ayudarnos a sobrevivir en el mundo neurótico en el que nos encontramos. Tomamos esos esquemas de nuestras familias, amigos, maestros y la comunidad en general.

A medida que imitamos el comportamiento que hemos observado en otros, o a medida que tratamos de seguir las reglas y las normas establecidas por los demás, hacemos cosas que van en contra de nuestro propio fluir natural. Dejamos de escuchar a nuestra sabiduría cuando se expresa sobre lo físico y lo emocional y dejamos de decir y hacer lo que en realidad sentimos. Dejamos de prestar atención a las señales que nos da nuestro cuerpo acerca de la alimentación, el descanso, la actividad física y la nutrición integral que necesita. Nos resulta demasiado riesgoso dejarnos llevar por nuestra energía y por eso bloqueamos ese fluir y cada vez sentimos menos energía y vitalidad. A medida que disminuye el fluir de la energía, el cuerpo tarda más en recuperarse y por eso comienza a envejecer y a deteriorarse. Así va reflejando nuestras conductas crónicas negativas; por ejemplo, se encorva para expresar que interiormente nos sentimos pequeños e indefensos.

Si estamos dispuestos a que la energía del universo circule dentro de nosotros a través de la confianza en nuestra intuición, nuestra sensación de vitalidad aumentará y nuestro cuerpo reflejará esa sensación mostrándose más saludable, hermoso y vital. Cada vez que no confiamos en nosotros mismos y no nos dejamos llevar por nuestra verdad interior, nuestra energía disminuye y nuestro cuerpo lo refleja a través de una pérdida de vitalidad, entumecimiento, dolor e incluso malestares físicos.

El malestar es un mensaje de nuestro cuerpo que nos indica que de alguna manera no nos estamos dejando llevar por nuestra verdadera energía ni estamos prestando atención a nuestros verdaderos sentimientos. Nuestro cuerpo nos da muchísimas señales, empezando con signos relativamente sutiles, como una sensación de cansancio e incomodidad. Si no prestamos atención a esas señales ni hacemos los cambios necesarios, las señales se volverán más intensas y se traducirán en molestias, dolores y enfermedades leves. Si seguimos sin cambiar nuestro modo de vida, podemos contraer enfermedades graves o mortales, o bien sufrir un accidente. Como vemos, podemos evitar las señales más intensas prestando atención a las más sutiles. Pero aunque ya hayamos recibido uno de los mensajes más intensos, todavía estamos a tiempo de sanarnos si realmente lo deseamos. Sin embargo, a esa altura, muchos eligen no sanarse. Deciden abandonar su cuerpo y empezar de nuevo con uno distinto en lugar de tratar de deshacerse de las conductas negativas y seguir en el mismo.

Si padecemos de algún malestar, tenemos que descansar. Cuando el cuerpo se enferma, necesita descanso y tranquilidad. Por eso, cuando nos tranquilicemos, preguntémosle a nuestro cuerpo qué nos quiere comunicar a través de la enfermedad. Siempre sabrá decirnos qué necesitamos para sanarnos.

Una amiga mía sentía un gran dolor facial en el lado derecho. Su intuición le decía que se iba a aliviar si abría la boca y decía lo que quería y lo que sabía. Así lo hizo y el dolor disminuyó un poco pero no desapareció del todo. Una noche, en actitud de entrega, pidió una respuesta al universo. Luego se olvidó de todo y se durmió. Esa noche soñó que su intuición le decía que dejara de consumir levadura de cerveza. Descartó inmediatamente todo el mensaje por considerarlo raro y siguió consumiendo levadura de cerveza. Unos días más tarde, decidió dejar de consumirla porque su voz interior seguía insistiendo. Dos días después, su dolor facial desapareció.

Cuando se pide una sanación, nunca se sabe lo que el cuerpo va a decirnos. Puede pedirnos que dejemos de comer algo o que comamos algo en especial, que expresemos nuestros sentimientos a un amigo, que dejemos un trabajo o que vayamos al médico. La clave está en pedir orientación y después escuchar la respuesta.

Uno de mis pacientes había padecido un severo dolor de espaldas durante un año y medio. Durante una sesión, le pedí que se pusiera en contacto con su dolor y le preguntara a su cuerpo lo que estaba tratando de decirle. Al hacerlo, se dio cuenta de que todavía no había hecho el duelo por la muerte de su madre ni había expresado el resentimiento que sentía hacia su padre. Retenía ese resentimiento y esa tristeza en la espalda. Una vez que lo reconoció, su dolor se alivió un poco. Siguió hablando hasta que por fin pudo llorar por la muerte de su madre. Enseguida sintió ganas de expresar su resentimiento hacia su padre. Empezó por contarme y escribir todo lo que sentía. Su dolor de espaldas desapareció. No obstante, su espalda siguió siendo un barómetro de sus sentimientos reprimidos: sabe que si le duele debe "darse aliento" expresando lo que siente.

Una vez que hemos desarrollado un síntoma, ese mismo síntoma puede volver a presentarse. Nuestro cuerpo nos sirve para informarnos en forma adecuada acerca de la energía que permanece bloqueada en nuestro interior. La siguiente es una lista de las causas más comunes que originan dolores y enfermedades. Además, cada una de las causas está acompañada de una afirmación que permite su sanación.

Dolor de cabeza — sentimientos ambivalentes, dos fuerzas internas en conflicto; hay que dejar que ambas se expresen.

Estoy dispuesto/a a escuchar a mis sentimientos.

Resfriado — necesidad de descansar, eliminar viejas ideas y recuperar el equilibrio.

Mi cuerpo está en perfecta armonía. Estoy dispuesto/a a descansar y a estar en calma. Quiero deshacerme de las viejas ideas.

Problemas en el cutis — energía masculina reprimida; expresa la necesidad de actuar y/o expresarme en forma más directa.

Lucho por lo que siento y por lo que quiero. Expreso mis sentimientos de un modo más claro y directo.

Erupciones cutáneas — ganas de rebelarse y actuar; deberíamos preguntarnos: "¿Qué estoy conteniendo? ¿Qué quiero hacer?".

Actúo como me lo indica la intuición. Quiero probar cosas nuevas. Hago lo que quiero.

Alergia — indica falta de confianza en la intuición, sentimientos reprimidos; el tipo de reacción alérgica que hace llorar los ojos indica tristeza reprimida.

Confío en mis sentimientos y los expreso. Sentir y expresar mi tristeza y mi resentimiento me hace bien.

Dolor de espalda — indica que sentimos que debemos hacernos cargo de los demás y del mundo. Pone de manifiesto una necesidad de expresar lo que sentimos. Cuando el dolor se siente en la parte inferior de la espalda indica a menudo una tristeza reprimida; cuando el dolor se manifiesta en la parte superior de la espalda, en general indica enojo reprimido.

Me ocupo de mí y expreso todo lo que siento. Confío en que los demás son capaces de cuidarse solos.

Dolores menstruales — indican que no estamos prestando atención ni honrando a nuestro aspecto femenino; necesitamos estar tranquilas y replegarnos hacia nuestro interior.

Honro a mi aspecto femenino y hago lo que me ordena. Me relajo, descanso y me nutro con frecuencia.

Trastornos de la visión — indican que no queremos ver algo que ocurre dentro de nosotros o en el mundo. Desde muy pequeños decidimos no mirar lo que "vemos" a través de la intuición porque es muy doloroso; cuando negamos la visión interior, la visión externa también se ve afectada y sufre trastornos.

Quiero ver con claridad todo lo que ocurre en mi vida.

Trastornos auditivos — indican una necesidad de acallar las voces y las influencias externas para escuchar con más atención a nuestra voz interior.

No tengo por qué escuchar a los demás. Escucho mi propia voz interior y confío en ella.

Adicción

Cuanto más difícil nos resulte confiar en nuestra intuición, mayores serán las probabilidades de que tengamos conductas adictivas, como tomar café, fumar tabaco o marihuana, tomar alcohol, comer en exceso o comer alimentos no saludables, conducir a toda velocidad, consumir cocaína, o lo que sea para tratar de manipular nuestra energía y de esa manera provocar daños aún mayores a nuestro cuerpo.

Muchos sienten miedo de su propia energía y de su poder. Tienen miedo de ser demasiado potentes o impotentes, es decir que temen que su caudal de energía sea demasiado intenso o demasiado débil. La verdad es que quienes son adictos a una sustancia externa encontrarían su propia energía si abandonaran su adicción. Así se comunicarían con su propia fuente de energía y creatividad.

Concibo la adicción como un medio que la gente usa para controlar ese poder. Mucha gente creativa se vuelve adicta porque le falta la fuerza interior necesaria para dominar su energía. Si no confiamos en el universo, nuestro poder y nuestra creatividad pueden agobiarnos. Cuando utilizamos sustancias externas, podemos aumentar o disminuir nuestra energía natural, pero de cualquier modo, estaremos bloqueando el fluir natural de la energía que proviene del universo.

No es necesario ser adictos irrecuperables para darnos cuenta de que estamos utilizando una sustancia para manipular nuestra energía. Tal vez nos demos cuenta de que tomamos tres tazas de café para tener más energía y más tarde nos sentimos agotados. (Somos una cultura adicta al café, droga que considero muy fuerte porque disminuye seriamente nuestra capacidad para confiar en la intuición y dejarnos llevar por la energía.)

Si se trata de un problema físico o emocional pero sentimos que no nos podemos contener, la clave es tomar conciencia de lo que hacemos. Pensemos en cuándo y por qué tomamos café. Pensemos en cómo cambia nuestra energía. Llegará un momento en el que nos daremos cuenta de que no necesitamos seguir pagando ese precio.

Debemos tomar conciencia de que todos recurrimos a una u otra forma de adicción para ejercer cierto control sobre nosotros mismos. El remedio para esto consiste en fortalecer la confianza en nosotros mismos y en el universo. Debemos estar más dispuestos a sentir nuestro propio poder y nuestra propia fuerza. Esa es la verdadera forma de sanarnos.

Para los adictos a las drogas o al alcohol, no es suficiente darse cuenta de que están manipulando su energía. Quizás eso les haga tomar más conciencia de su problema y de que están cerrados en sí mismos, pero en general la necesidad física supera cualquier pensamiento. Por eso les recomiendo que pidan la ayuda y el apoyo de un terapeuta especializado o de un grupo como Alcohólicos Anónimos o Drogadependientes Anónimos para dejar su adicción. De esa forma, el cuerpo tendrá la posibilidad de sanarse y el espíritu de que lo escuchen. En la drogadicción, cuerpo y droga bloquean la voz del espíritu.

Meditación

Nos sentamos o nos acostamos y respiramos profundamente varias veces. Cada vez que respiramos, sentimos que el cuerpo se relaja. Relajamos la mente y dejamos fluir los pensamientos. Tratamos de no apegarnos a ningún pensamiento. Nos relajamos en un lugar calmo de nuestro interior.

A partir de ese lugar profundo podremos nutrirnos y sanarnos. Podemos recurrir a ese lugar interior en búsqueda de lo que sea necesario para sanarnos. Vamos a aprovechar esta oportunidad para hablar con nuestra intuición sobre cualquier cuestión física o para interrogarla sobre cualquier problema de salud que hayamos tenido.

Preguntemos: "¿Qué debo hacer para sanarme? ¿Qué necesita mi cuerpo?". Una vez que hayamos formulado esas preguntas, estemos abiertos a cualquier respuesta que recibamos. Quizá recibamos una respuesta inmediata o tal vez demore unos días en llegar. Puede llegar como una solución directa o bien puede guiarnos a una persona o lugar que nos dé la respuesta que necesitamos.

Recordemos que tenemos el poder de sanarnos y que tenemos una sabiduría ilimitada.

Digamos las siguientes afirmaciones en voz baja o alta: "Me estoy sanando. Tengo mucha energía y vitalidad. Irradio salud".

Meditación alternativa

Si sentimos algún dolor en particular, probemos la siguiente meditación: Nos ponemos cómodos, respiramos hondo varias veces y relajamos por completo la mente y el cuerpo. Ahora concentremos nuestra conciencia en el lugar del cuerpo que nos duele y preguntémosle qué siente y qué trata de decirnos. Tratemos de ser receptivos y captar el mensaje. Preguntemos a esa parte dolorida qué debemos hacer para sanarnos. Prestemos atención y sigamos sus indicaciones.

21

EL CUERPO PERFECTO

Para tener un cuerpo perfecto hay que empezar por dejarse llevar por el fluir natural de la energía. Confiemos en nosotros mismos. Descansemos tanto como sea necesario. Si estamos muy cansados, nos quedamos en la cama. Tratemos de expresarnos físicamente de manera que nos haga sentir bien. Comamos lo que nuestro cuerpo nos pida y tengamos en cuenta que si escuchamos a nuestro cuerpo, vamos a aprender qué es lo bueno para nosotros.

Parece muy simple. El problema es que nos han enseñado a desconfiar de nuestro cuerpo y a concebirlo como algo que debe ser controlado. Hay incluso algunas religiones que consideran que el espíritu es bueno, y el cuerpo una herramienta débil y pecaminosa del demonio. A pesar de que hemos evolucionado lo suficiente como para no expresar abiertamente esas creencias, seguimos desconfiando de nuestro cuerpo. Formamos parte de una cultura acostumbrada a ignorar a nuestro cuerpo y sus necesidades. Nuestra mente le indica a nuestro cuerpo lo que debe hacer. Decidimos que trabajar de nueve a dieciocho y comer tres veces por día son conductas que determinan un estilo de vida "razonable" y, en consecuencia, esperamos que nuestro cuerpo colabore, aunque no se sienta bien. También desarrollamos teorías sobre lo que es bueno y lo que es malo para nuestro cuerpo, qué debemos comer y qué no.

Cuando somos niños, adoptamos los hábitos alimentarios de nuestros padres y nuestra sociedad. Se espera que sigamos las reglas del sistema aunque queramos comer algo distinto o a un horario diferente del habitual. A veces el cuerpo puede pedirnos una cosa y la sociedad otra. Pero desde pequeños aprendemos a desconfiar de nuestro cuerpo, y esa desconfianza nos genera conflictos y desequilibrios que hacen que nuestro cuerpo se rebele. Al rebelarnos, se nos despiertan deseos de todo tipo de cosas que no desearíamos si nos dejáramos llevar por nuestro fluir natural. Si no podemos tener lo que realmente queremos, nuestra reacción más común será buscar lo que nos proporcione el placer más inmediato. Frente a ese desequilibrio, nuestro cuerpo aumenta de peso, o se vuelve hiperdinámico, o pierde demasiado peso, o desarrolla adicciones a ciertos alimentos, o alergias. Luego, para resolver esos problemas le imponemos reglas muy rígidas y nos sometemos a dietas especiales y regímenes alimenticios muy estrictos. El cerebro, entonces, le indica al cuerpo qué y cuándo debe comer, de acuerdo a la dieta que hagamos.

No sólo tenemos ideas rígidas acerca de las dietas, sino también acerca de la actividad física. La gente cree que la única manera de mantenerse en el peso ideal es hacer dieta y gimnasia en forma compulsiva y aburrida. Además, nuestra sociedad fomenta esa conducta y lucra con ella. Nos muestra todo el tiempo el modelo del cuerpo ideal y nos vende formas de conseguirlo, como dietas milagrosas y tratamientos de belleza. Y así nos sometemos a toda clase de inventos que consideramos positivos para nuestro cuerpo. El problema con los modelos externos y las imposiciones que recibimos de nuestra sociedad es que nunca estamos satisfechos con nuestro aspecto y nuestra manera de sentir.

La forma de tener un cuerpo hermoso, fuerte y saludable es empezar a confiar en nosotros mismos desde ahora. Tenemos que dejar de luchar y entregarnos a las necesidades de nuestro cuerpo. La intuición nos va a indicar qué debemos comer. Tal vez nos mueva a tener una actividad física intensa (en ese caso la vamos a disfrutar), o quizá nos indique disminuir el ritmo y descansar. Puede pedirnos que nos quedemos todo el día en la cama o que nos levantemos temprano. No hay reglas fijas. Nuestro cuerpo sabe perfectamente lo que le hace bien.

La gente por lo general siente miedo cuando le sugiero que confíe en sí misma y que tenga en cuenta lo que su cuerpo necesita. Piensa que se van a quedar todo el día en la cama, que van a comer chocolates y van a engordar. Esos miedos se deben a las distorsiones que generan las reglas externas. Es posible que durante los primeros días o las primeras semanas nos descontrolemos como una forma de reaccionar contra las viejas reglas, pero si escuchamos a nuestro organismo, pronto descubriremos su fluir natural. Cuando nuestro cuerpo advierta que puede comer lo que quiera y cuando quiera, se relajará y deseará los alimentos que le hagan bien. Tal vez haya un período en el que nuestra intuición nos ordene no consumir determinados alimentos porque sabe que nos provocan adicción o alergia. Debemos confiar en nosotros. Al poco tiempo nuestro cuerpo encontrará su peso natural y será igual que nuestro espíritu: lleno de energía y vitalidad, hermoso y joven.

Afirmación

La clave más importante para que nuestro cuerpo sea perfecto consiste en aprender a afirmarnos en la vida. En general las personas que tienen sobrepeso son inseguras y les da miedo confiar en sus sentimientos. En especial, deben aprender a decir "no" cuando no quieren hacer algo. He visto que muchos de mis pacientes que tienen sobrepeso no saben poner límites; tratan de complacer a todo el mundo y de hacerse cargo de los demás y dejan que otros intervengan en su vida y se aprovechen de ellos. Por eso necesitan el sobrepeso para poner cierto tipo de distancia respecto de los demás.

Las mujeres temen despertar una atracción sexual demasiado intensa si adelgazan. Tienen miedo de atraer energía o atenciones no deseadas y no se sienten seguras de saber manejar esa atracción. Algunos temen volverse demasiado sensibles y vulnerables y no saben cómo protegerse. Otros temen que se los deje de lado y utilizan su sobrepeso para afirmarse. Si sentimos esos miedos, no adelgazaremos nunca aunque hagamos dieta toda la vida porque inconscientemente necesitamos ese sobrepeso. Por eso es que el proceso de afirmación es tan importante. Cuando aprendemos a respaldar a nuestros sentimientos a través de la acción, creamos una fuerza y una protección interna. Nos sentimos seguros para enfrentar situaciones nuevas y atraer la atención y la energía porque sabemos que podemos decir "no" ante cualquier cosa que no nos haga sentir bien. Sabemos que vamos a confiar en nosotros mismos y que sabremos cuidarnos bien. Nuestro aspecto femenino se siente seguro y respaldado porque sabe que nuestro aspecto masculino lo apoyará.

Mi experiencia me ha demostrado que una vez que la gente aprende a afirmarse, adelgaza con facilidad y sin privaciones. El aumento en el caudal de energía que circula por su cuerpo disuelve la energía bloqueada y el sobrepeso se va fundiendo de a poco. Como la gente ya no necesita del sobrepeso para lograr fuerza o protección, se libra de él sin esfuerzo. Si se hace necesaria una dieta en particular, es la intuición la que indica lo que el cuerpo necesita comer y el organismo lo considera apropiado y agradable.

Espera = Sobrepeso*

Si estamos siempre esperando para ser, hacer o tener lo que queremos, nuestra energía se bloquea y el cuerpo refleja esta situación a través del sobrepeso. Cuando aprendamos a expresarnos de manera directa y a hacer lo que queremos cuando queremos, la energía fluirá libremente a través de nuestro cuerpo y esa circulación permitirá que nuestro exceso de peso desaparezca. Cuanto más deseo tengamos de ser nosotros mismos, menos necesitaremos usar la alimentación como sustituto, ya que recibiremos la nutrición natural del universo.

La clave para aprender a respaldarnos consiste en actuar según nos lo indiquen nuestros sentimientos y nuestra intuición. He visto gente perder de cuatro a seis kilos en un taller de fin de semana con sólo decidirse a hacer algo que les daba miedo o por expresar sentimientos largamente reprimidos. Esa liberación permite disolver la energía bloqueada y estabilizar el peso.

La idea de respaldarse en todo momento al principio puede despertar temor pues no estamos acostumbrados a poner de manifiesto lo que necesitamos y a tratar de conseguirlo. Analizar nuestros sentimientos y arriesgarnos a entrar en acción implica un esfuerzo consciente. No obstante, una vez que nos acostumbremos a hacerlo, nos sentiremos tan bien que desearemos seguir adelante. Vamos a adelgazar, tendremos

* N del T: juego de palabras intraducible entre "waiting" (esperar) y "weighting" (aumentar de peso).

más energía y tendremos un aspecto más hermoso y vital. No podemos volvernos atrás. La única alternativa que existe es la opacidad y la muerte. En mi caso, cada vez que me dejo llevar por mi voz interior, me siento con más vitalidad y energía. En cambio, cuando la contradigo, siento que dentro de mí se libra una batalla y que me invaden la pesadez y la fatiga. Si sigo pasando por alto lo que me pide el cuerpo, me siento cada vez más cansada y menos vital. La opción es simple: vida o muerte.

A veces puede ser útil unirse a un grupo de autoayuda. Trabajé con un grupo en el que se trataba de analizar qué significa dejarse guiar por la energía y cómo respaldar nuestra intuición. Aprendimos a expresar nuestros sentimientos en todo momento y a eliminar los bloqueos emocionales que nos impiden actuar. Varias personas del grupo experimentaron cambios físicos; algunas perdieron peso, ya que el cuerpo no puede soportar el exceso de peso cuando lo atraviesa un gran caudal de energía.

Una de mis pacientes tenía unos treinta kilos de más cuando empezó a trabajar conmigo. Había probado todos los programas de adelgazamiento existentes para lograr perder ese sobrepeso pero no lograba solucionar su problema. A medida que fue aprendiendo a confiar en sí misma y a cuidarse, empezó a sanarse expresando los sentimientos que había reprimido hasta ese momento. Encontró en el grupo el apoyo que necesitaba para expresarse en forma directa y para decir lo que sentía y lo que quería. Aprendió a confiar en su cuerpo y empezó a comer sólo lo que realmente quería. Se volvió más liviana, tanto en lo físico como en lo espiritual y al cabo de unos meses había perdido alrededor de veinte kilos.

A esa altura, pensó que había obtenido todo lo que necesitaba del grupo y quería dejarlo a pesar de que todavía tenía un exceso de peso importante. Sin embargo, a mí me parecía que todavía reprimía muchos sentimientos (eso se ponía en evidencia a través de su exceso de peso), por eso la alenté a que expresara lo que "esperaba" decir. Entonces me dijo que había tres miembros del grupo que la molestaban y que no quería compartir sus sentimientos con ellos. Le recordaban a otras personas y hechos dolorosos de su pasado. Veía reflejados en ellos a su marido, a su hijo y a sí misma. Le recordaban cosas que no había dicho o hecho. Le recordaban su autoengaño. Por eso, cada vez que los miraba, se enojaba.

Alenté a la paciente a que siguiera trabajando conmigo en forma privada y a volver al grupo para compartir sus sentimientos con algunos miembros. Necesitaba decir lo que había callado en el pasado. Cuando logró hacerlo, empezó a sanar sus heridas emocionales y se perdonó por su pasado, por lo que su energía ya no quedó atada a ese pasado y pudo circular libremente por todo su cuerpo. Así siguió perdiendo peso sin hacer dieta.

He visto muchos casos como éste. No es necesario privarse de nada para adelgazar; en realidad, ocurre lo contrario: al adelgazar, alimentamos las necesidades interiores y ganamos en vitalidad.

No hay secretos para tener un buen cuerpo. Sólo hay que confiar en uno mismo y aprender a dejarse llevar por las necesidades naturales. Lo importante es honrar la intuición, entrar en sintonía con ella y saber alentarnos en todo momento para hacer fluir nuestra energía. Y lo más importante es aprender a quererse ahora mismo. Somos hermosos.

Controlar la alimentación

La gente suele usar la alimentación para controlar el nivel de energía. Las personas que son muy nerviosas pueden comer para calmarse, y otros para levantarse el ánimo. En ambos casos, se llega a una represión parcial de la verdadera energía.

En general tenemos miedo de nuestro poder y energía, por lo que sentimos la necesidad de controlarlos. Algunas personas usan la alimentación para ejercer ese control. Otros se vuelven adictos a otras cosas, como por ejemplo las drogas, el alcohol, las relaciones o el trabajo. A medida que la gente se abre más a la perspectiva de experimentar y expresar su energía natural, la necesidad de usar la alimentación de ese modo disminuye.

Eliminar las creencias negativas

Muchos tenemos creencias negativas acerca de nuestro cuerpo y los alimentos que ingerimos. Es importante analizar esas creencias y tomar más conciencia de lo que nos decimos internamente. Cuando nos demos cuenta de que nos decimos algo negativo y falso, podemos aprovechar la oportunidad para transformar esos pensamientos en afirmaciones. (Para las afirmaciones, ver el paso número cinco del proceso para eliminar las creencias negativas.) Algunos de los pensamientos negativos son los siguientes:

Todo lo que es rico me hace mal.

Si como algo delicioso, voy a engordar.

Voy a comer solamente un poco; si no, voy a engordar.

No puedo confiar en mi cuerpo.

Tengo que controlar mi cuerpo.

Si hiciera lo que me pide el cuerpo, engordaría o me enfermaría.

Mi cuerpo no colabora conmigo.

Mi cuerpo no tiene el aspecto que debería tener.

Nunca voy a alcanzar mi peso ideal.

Para tener un buen cuerpo, hay que morirse de hambre.

Cuando tomamos conciencia de todos estos pensamientos negativos, estamos fuera de peligro porque ya dimos el primer paso para eliminarlos. Sólo debemos tomar conciencia de ellos y transformarlos en afirmaciones para poder combatir su efecto negativo. Los pensamientos negativos a los que nos aferramos son los que originan las experiencias más negativas de nuestra vida y nos impiden crear lo que conscientemente queremos. Por ejemplo, alguien puede afirmar con plena conciencia que quiere ser delgado y sin embargo seguir aferrado a la necesidad de ser gordo. Por debajo del deseo de ser delgado subyace un pensamiento negativo que inconscientemente motiva al cuerpo. La clave consiste en descubrir esos pensamientos. Una vez que un pensamiento inconsciente sale a la luz, pierde su poder.

Algunos de los pensamientos negativos medulares y las razones por las que la gente se aferra al exceso de peso son: autoagresividad y autocastigo; protección psíquica (sentirse demasiado vulnerable y usar el sobrepeso como una capa protectora); miedo a despertar atracciones sexuales demasiado intensas y tener que manejar la energía sexual propia y la de los demás; miedo a ser demasiado atractivo/a o a tener demasiado poder; sentir que el sobrepeso equivale a fuerza; una necesidad de amor muy profunda; miedo a expresar la propia creatividad, es decir retención de la energía; miedo a enfrentar el espacio y el vacío; miedo a triunfar en la vida y en las relaciones afectivas; miedo a deshacerse de los problemas.

Algunos de esos pensamientos pueden coincidir con los nuestros y otros no. La clave está en descubrir cuáles son nuestros pensamientos negativos. Les presento un proceso que me parece muy útil para eliminar los pensamientos negativos.

1. Sacamos lápiz y papel. Trazamos tres columnas. En la primera, vamos a escribir todas nuestras creencias acerca del cuerpo y la alimentación. Es importante escribir todo lo que nos venga a la mente aunque nos parezca que no tiene sentido o que no está relacionado con el tema. Cuanto más escribamos, mejor. Así podremos identificar nuestros pensamientos conscientes e inconscientes. Por ejemplo: Nunca voy a lograr mi peso ideal. Odio mi cuerpo. Me gustaría cambiar mi aspecto. Ya no soy sexy. Estoy destinada a ser gorda como mi mamá. Mamá comía helado todo el día igual que yo. El helado engorda. Todo me engorda. Cada vez que me acerco a la comida, engordo. No tengo fuerza de voluntad. La única forma de adelgazar es haciendo dieta.

2. Analicemos esos pensamientos. En la segunda columna, vamos a escribir cuándo adquirimos esas creencias. Pensemos si las adquirimos de nuestros padres, de nuestros hermanos, de nuestros maestros o de los amigos. No es necesario esforzarse demasiado para recordar el origen de todas nuestras creencias y pensamientos. Basta con que recordemos aquellos pensamientos que nos afectan más y con que observemos las conexiones y los recuerdos que afloran. Si más tarde surgen otros recuerdos, los incluimos en la segunda columna. Por ejemplo, podemos relacionar el pensamiento: "Nunca voy a lograr mi peso ideal" con nuestra madre. Entonces al lado de la primera afirmación, en la segunda columna, escribimos: "Veía que mi madre jamás podía adelgazar", o acerca del pensamiento "Ya no soy sexy", escribimos: "Oigo a todo al mundo decir que ser delgado es ser hermoso. Lo dicen mis amigos, mis padres y los medios de comunicación".

3. Repasemos nuestros pensamientos. Identifiquemos los que no nos sirven y luego vamos a preguntarnos por qué no nos podemos deshacer de ellos. Por

ejemplo, una de las razones para seguir creyendo "Nunca voy a lograr mi peso ideal" es la seguridad. Tal vez nos resulte muy peligroso ser atractivos.

4. Una vez que identificamos los pensamientos negativos, el paso siguiente consiste en deshacernos de ellos. Tenemos que darnos cuenta de que nos han servido durante años. Es hora de darles las gracias por los servicios prestados y de decirles que ya no los necesitamos más. Una afirmación que me resulta útil para deshacerme de viejos pensamientos es la siguiente: *Estoy dispuesta a deshacerme de mis viejas creencias.*

5. En la tercera columna vamos a crear una afirmación para contrarrestar y corregir cada creencia negativa. He aquí algunas pautas:

a) La afirmación debe ser breve, simple y debe significar mucho para nosotros.

b) Debe estar escrita en presente, como si ya estuviera ocurriendo.

c) Debemos incluir nuestro nombre. Por ejemplo: "Yo, Shakti, tengo un cuerpo hermoso".

d) La afirmación debe estar en relación con nuestros pensamientos negativos y convertirlos en pensamientos positivos y expansivos.

e) Nuestra afirmación debe ser la adecuada para nosotros. Puede causarnos una emoción fuerte. Si no nos parece la afirmación adecuada, tratamos de cambiarla hasta que lo sea. Y luego:

f) Repetimos mentalmente la afirmación mientras meditamos y nos imaginamos que todo funciona como queremos.

g) Si estamos con alguien, podemos pedirle que repita esa afirmación (con nuestro nombre) mirándonos a los ojos.

h) Una vez que lo haya dicho, decimos: "Sí, es verdad".

i) Vamos a escribir nuestra afirmación unas diez o

veinte veces por día. Si vuelven a aflorar los pensamientos negativos, los escribimos al dorso y seguimos escribiendo las afirmaciones en el anverso del papel hasta que nos quede claro lo que sentimos. Ejemplos: *Tengo el peso ideal. Acepto mi cuerpo y lo quiero. Mi cuerpo es perfecto así como está. Soy hermosa y sexy. Soy atractiva/o y poderosa/o. Me deshice del pasado. Ahora estoy libre para ser yo mismo/a. Comer es algo seguro para mí. Comer me da energías y me nutre. Cada caloría que ingiero, la quemo y la transformo en energía pura. Adoro los alimentos. Los alimentos me adoran. Como lo que quiero y cuando quiero y siempre me mantengo en mi peso ideal. Como confío en mis sentimientos, me hace bien ser delgada/o y atractiva/o.*

Este proceso nos ayudará a examinar nuestros pensamientos y a tomar conciencia de nuestras creencias ocultas. Podemos usar este proceso cuando lo deseemos para deshacernos de los obstáculos que se interponen en nuestro camino hacia el logro de un cuerpo fuerte, hermoso y saludable. Una vez que logremos eliminar esos obstáculos, lograremos mirar nuestro cuerpo y verlo hermoso y considerar que todo lo que comemos es nutritivo.

Apreciar nuestro cuerpo

Vamos a apreciar nuestra belleza y la de nuestro cuerpo. Hoy mismo. Vamos a concentrarnos en lo que más nos gusta de nosotros. Cuanto más dispuestos estemos a hacerlo, más fácil nos resultará. Nuestro cuerpo responderá a esta apreciación de su belleza y se volverá cada vez más hermoso.

Se ha transformado en un hábito ver sólo lo que debemos cambiar. Esperamos lograr la perfección antes de aprender a querernos completamente. Podemos cambiar esa actitud autocrítica prestando atención a lo que nos gusta de nosotros y apreciar la imagen positiva que recibimos.

Si nos resulta difícil apreciarnos, podemos observar a otros que tengan las mismas características que nosotros y admirarlos.

Una amiga mía tenía diez kilos de más y siempre se criticaba por su aspecto. Sentía que lo único que le permitiría quererse sería adelgazar. Como le costaba mucho verse linda, empezó a observar a otras mujeres que tenían el mismo sobrepeso que ella y a apreciar la belleza que había en ellas. Se dio cuenta de que eran lindas y sensuales. Entonces, empezó a decir a los demás lo bien que se veían y así pudo ver su cuerpo desde una perspectiva diferente. Empezó a aceptarse y a apreciarse. Su cuerpo respondió a esa aprobación cobrando más vida y energía. De a poco fue perdiendo los kilos de más que tenía y siguió apreciando su cuerpo tal cual era.

Ritual para querer a nuestro cuerpo

Nos paramos desnudos frente a un espejo de cuerpo entero. Enviamos pensamientos positivos a cada parte de nuestro cuerpo. Buscamos la belleza en todas las partes de nuestro cuerpo aunque no nos gusten. Pensemos que nuestro cuerpo nos ha servido durante muchos años y expresémosle nuestro agradecimiento. Tenemos que tomar conciencia de que siempre ha seguido nuestras indicaciones.

Por ejemplo, podemos decirnos: "Tienes un cabello hermoso, grueso y brillante". Después nos miramos al espejo y vemos el brillo y la belleza de nuestro cabello. Aunque no esté tan brillante como quisiéramos, seguimos mirándolo y apreciándonos mientras nos decimos: "Me gustas. Tienes manos hermosas, piernas fuertes y saludables, una piel hermosa y ojos brillantes".

Vamos a recorrer cada parte de nuestro cuerpo con amor y aprecio. También vamos a darle las gracias por haber estado con nosotros durante tanto tiempo y por satisfacer nuestros deseos. Podemos poner una música que nos guste y encender velas y poner flores mientras cumplimos con este ritual. Vamos a repetir todo el ritual una o dos veces por día durante por lo menos una semana para que nuestro cuerpo sepa que lo queremos y lo respetamos. Lo hemos juzgado, criticado y rechazado durante años. Responderá con rapidez al amor y la energía que recibe ahora. Nos sentiremos más livianos y con más energía. Nuestro aspecto empezará a mejorar. Las arrugas de la cara van a relajarse y nos vamos a sentir rebosantes de fuerza y salud. Nos sorprenderán los resultados de amar a nuestro cuerpo.

Ejercicios de visualización

En mi libro *Visualización creativa* recomiendo varias técnicas de visualización para lograr la belleza corporal. Considero que esas técnicas son herramientas muy útiles; mis pacientes y lectores han logrado muy buenos resultados. Por eso quiero describir dos técnicas que les pueden ser útiles:

1. Cada vez que pensemos en nuestro cuerpo, veámoslo como nos gustaría que fuera. Tomemos conciencia de que es perfecto y afirmemos eso. Vamos a tomarnos varios minutos durante el día para cerrar los ojos y visualizar nuestro cuerpo con el peso, el tamaño y la fuerza que deseemos. Vamos a verlo lleno de energía y poder. Vamos a ver y sentir la energía que fluye dentro de nosotros.

2. Vamos a usar una foto de una revista para visualizar nuestro cuerpo perfecto. Elegimos una foto que muestre un cuerpo con un aspecto parecido al que ten-

dría el nuestro si estuviera en forma. Recortamos la foto y la pegamos en la pared. Tratamos de elegir un lugar en que podamos verla todo el día. Vamos a mirar la foto como si se tratara de nuestro cuerpo. Incluso podemos pegar una foto de nuestra cara para poder ver cómo seríamos con ese cuerpo perfecto.

Meditación

Nos sentamos o nos acostamos en una posición cómoda. Respiramos hondo varias veces y nos relajamos. Cada vez que exhalamos, nos deshacemos de lo que no queremos o no necesitamos. Dejamos que las tensiones, la fatiga y las frustraciones abandonen nuestro cuerpo. Al inhalar, tomamos todo lo que queremos: relajación, serenidad, fuerza, prosperidad y alegría.

En esa posición relajada y rejuvenecida vemos nuestro cuerpo. Lo imaginamos tal como quisiéramos que fuera. Lo observamos lo más detalladamente posible. Ahora nos vemos con el peso, el tamaño y la forma ideales. Nuestro cuerpo está lleno de energía; es fuerte y poderoso. Cuando nos miramos la cara y el cuerpo, vemos la belleza que tenemos. Nuestro aspecto es tal como nos gustaría que fuera. Nos sentimos como queremos sentirnos.

Sentimos lo que es tener un cuerpo que se corresponda con nuestro espíritu. Nuestro espíritu dice "haz esto" y nuestro cuerpo responde con toda su perfección y se corresponde con la sabiduría interior.

Somos belleza, fuerza y energía.

Ejercicio

1. Hagamos una lista con todas las formas en las

que nos vemos "esperar" (y engordar). ¿Qué estamos esperando decir, hacer, tener o ser?

2. Al lado de cada ítem de la lista, escribimos qué tipo de acción podemos emprender. ¿Qué podemos hacer para cambiar la espera por la expresión, la acción o la lucha por lo que queremos conseguir?

22

LA VIDA Y LA MUERTE

La vida es la elección de acompañar el fluir de la energía dentro de nosotros. La muerte es la elección de bloquear o ir en contra de la energía vital. Nos enfrentamos a esta opción de vida o muerte en cada momento de nuestra vida.

Cada vez que elegimos confiar en nuestra intuición y seguirla, nuestro canal se abre más y más fuerza de vida fluye por él, Las células de nuestro cuerpo reciben más energía. se renuevan y rèvitalizan más rápido. Nos sentimos más vivos en los aspectos físico, emocional y mental y la luz del espíritu puede brillar más y mejor. Nuestro cuerpo permanece joven, sano, hermoso y resplandeciente.

Cuando elegimos no seguir nuestros impulsos intuitivos, cerramos nuestro canal y nuestras células reciben menos energía. El cuerpo se deteriora con mayor velocidad. Cuando no seguimos el fluir de la energía, la vida se convierte en una lucha. El estrés y la tensión predominan en la forma física y podemos ver las huellas del conflicto en nuestra cara y cuerpo. La preocupación marca sus líneas y comenzamos a encorvarnos por el esfuerzo que hacemos. Si continuamos eligiendo bloquear la energía momento tras momento, día tras día, el cuerpo envejecerá, se deteriorará y morirá. Si cambiamos nuestras pautas y empezamos a confiar más en nosotros mismos, el cuerpo comenzará a renovarse.

Una parte de todos nosotros desea la vida, desea comprometerse a vivir y quiere confiar en la intuición y seguirla en todo momento. También hay una parte de nosotros que no confía: "No puedo hacer esto, es demasiado intenso, no quiero engañarme". Cuando vamos en contra de nosotros mismos experimentamos sólo esfuerzo y lucha; cuando nos entregamos a la vida, sentimos pasión, vitalidad y fluidez.

Cada vez que alguien muere es porque inconscientemente elige abandonar este cuerpo físico. Puede parecer víctima de un desastre o de una enfermedad mortal, pero en realidad está a cargo de su propio viaje. Su espíritu sabe lo que hace aunque el cuerpo lo niegue.

Cuando comencemos a creer en esto, también empezaremos a sentirlo telepáticamente. Si estamos cerca de una persona que muere, podemos tener una sensación de que esa persona está haciendo una elección.

Pueden ocurrir dos cosas: que las personas vengan a cumplir un propósito específico y al completarlo se vayan, o que al fracasar decidan asumirlo de nuevo en este reino o en el siguiente. Algunos seres sienten que se han atascado y que las cosas no funcionan. Sienten que no aprenden con rapidez suficiente. "Esta vida comenzó con demasiadas desventajas negativas en mi contra. No quiero seguir con esta contienda. Mejor empiezo de nuevo".

Cuando hacemos una elección consciente por la vida, influimos en la elección que hacen quienes nos rodean. A cada momento, si elegimos confiar en nuestra intuición y actuar de acuerdo con ella, elegimos la vitalidad en lugar de la muerte e incrementamos la vitalidad que emana de nosotros. Toda persona que se conecte con nosotros lo sentirá y esto fortalecerá la elección que haga por la vida.

Cuanto más elegimos vivir en la luz, más sanos y vitales se vuelven nuestros cuerpos. Al vivir como canales del universo, creo que retardamos o tal vez incluso detenemos el proceso del envejecimiento tal como lo conocemos. Creo que es posible que uno se vuelva más energético, vital y hermoso a medida que crece en edad, en vez de que ocurra lo contrario. Ya no dejaremos nuestros cuerpos inconscientemente, por enfermedad o accidente. Permaneceremos en el cuerpo físico tanto como lo deseemos y haremos la elección consciente de abandonarlo cuando llegue el momento en que deseemos hacer otra cosa. La muerte, cuando sea una elección, ya no será una tragedia sino una transición consciente hacia otro estadio.

Meditación

Sentados o acostados en una posición cómoda, cerramos los ojos, respiramos hondo varias veces y relajamos el cuerpo. Con cada respiración, dejamos ir todo lo que se interponga en el camino de estar con nosotros mismos. Lentamente, nos relajamos y entramos a ese lugar central que llevamos dentro.

Recordamos una situación reciente en la que elegimos no seguir nuestra energía, en la que no hicimos lo que queríamos hacer. Representemos esta escena en nuestra mente. Vamos a vernos yendo en contra de lo que sabemos que es verdad para nosotros. Luego, notamos cómo nos sentimos. Observemos nuestro cuerpo y registremos cómo nos sentimos en los aspectos físico, emocional y espiritual.

Ahora, vayamos a esa misma situación, para vernos haciendo exactamente lo que queremos; nos vemos eligiendo seguir a nuestra energía. Entonces, notamos cómo se siente nuestro cuerpo, notamos qué aspecto tenemos y cómo nos sentimos con nosotros mismos.

Dediquemos algunos minutos a registrar qué se siente cuando confiamos en nosotros mismos y actuamos de acuerdo a lo que deseamos.

Ejercicio

Este ejercicio nos ayudará a ser conscientes de los momentos en que elegimos la vida o la muerte.

Tengamos un diario donde registrar algunas de las decisiones que hacemos durante el día. Notemos cuándo hicimos lo que queríamos y cuándo elegimos no hacerlo. (Por ejemplo, observemos si elegimos ir a una fiesta cuando en realidad queríamos quedarnos en casa.) Luego, anotemos cómo nos sentimos en relación a las elecciones que hicimos. Registremos cómo nos sentíamos en lo físico y emocional.

A medida que seamos más conscientes de cuándo seguimos nuestra energía, de cuándo no la seguimos y de los resultados de ambas cosas, nos inclinaremos cada vez más por elegir la vida a cada momento.

23

LA TRANSFORMACION DEL MUNDO

La transformación comienza en un nivel individual y se expande hacia el mundo. Cuanto más aprendemos a confiar en nuestra intuición y a dejarnos guiar por ella, y cuanto más dispuestos estamos a experimentar y a aceptar todos nuestros sentimientos, mayor es el caudal de energía del universo que puede circular a través de nosotros. A medida que esa energía circula, nos sana y nos transforma y lo mismo les pasa a todo y a todos los que nos rodean.

Esto ocurre en cada uno de nosotros. Cuanto más dispuestos estemos a confiar en nosotros y a ser nosotros mismos, más viviremos en la luz. Todos los que nos rodeen se beneficiarán con nuestra energía, confiarán más en sí mismos y se atreverán a ser ellos mismos. Y a la vez, se transformarán en canales muy poderosos para todos los que formen parte de su esfera de influencia. Y así la transformación se expandirá con mucha rapidez por todo el mundo.

Hay un fenómeno que se conoce como el síndrome del centésimo mono. En 1952, en Japón, un grupo de científicos llevaba a cabo un estudio sobre la conducta de los monos salvajes. El alimento principal de los monos eran las batatas. Un día advirtieron que una mona hacía algo que nunca antes habían visto: lavaba la batata antes de comerla. En los días siguientes, observaron que la mona repetía esa conducta y pronto vieron que varios monos lavaban sus batatas antes de comerlas. Cada vez eran más los monos que lo hacían. Entonces, en 1958, cuando ya todos los monos de la isla habían adoptado esa conducta, empezaron a llegar informes científicos de las islas vecinas que confirmaban que los monos de sus islas también habían empezado a lavar sus batatas. No había ninguna conexión física entre las islas y nadie había transportado monos de una isla a la otra.

Ese estudio demuestra algo de una importancia capital para la raza humana y para nuestro planeta. La acción de lavar batatas constituía un nuevo nivel de conciencia para esos monos, y cuando una cantidad lo suficientemente amplia de ellos había aceptado ese nuevo patrón de conducta, dicho patrón fue transferido a los monos de las islas vecinas sin que se produjera ningún tipo de contacto físico o comunicación directa entre ellos.

Creo que esa es la forma en que se produce la evolución de la conciencia. La conducta de cada individuo se conecta con la conciencia colectiva y forma parte de ella. Cuando un número significativo de individuos adopta un nuevo nivel de conciencia y cambia su conducta, ese cambio se siente en la conciencia colectiva, de manera que todos los demás individuos se mueven en dirección a él. Y todo comenzó con un sólo individuo que dio el primer salto.

A menudo miramos el mundo que nos rodea y nos sentimos impotentes e incapaces de producir el menor efecto positivo en él. El mundo parece tan grande, tan caótico, y nosotros tan pequeños e impotentes. La historia del centésimo mono nos puede ayudar a ver el poder de uno o de algunos individuos en la transformación del mundo.

Como el mundo es nuestro espejo, debe reflejar nuestros cambios a medida que se producen. Eso lo vemos en nuestra vida personal. A medida que desarrollemos el hábito de confiar en nosotros y de atrevernos a ser nosotros mismos, vamos a ir dejando de lado nuestros viejos patrones de conducta. Pronto veremos que nuestros amigos, parientes y socios parecen comportarse de un modo diferente también. Las personas que conocemos parecen ocuparse de problemas menos graves (o, en el caso de que sus problemas sean graves, se sanan con mayor rapidez) y temas más creativos. Las cosas que antes nos asustaban y nos molestaban parecen haber perdido su "carga" emocional. Incluso los problemas graves del mundo ya no nos asustan tanto, aunque sigamos preocupados por ellos.

La razón por la que se produce este cambio es que hemos comenzado a sentir el poder del universo dentro de nosotros. Siempre que sintamos la presencia del universo en nuestro propio cuerpo, dejaremos de tener miedo. Por supuesto que cada vez que nos abrimos a nuevos niveles de poder, afloran los viejos miedos para que los dejemos ir; por eso, durante el proceso de sanación vamos a experimentar estados alternativos de poder y de miedo. Sin embargo, se establecerá dentro de nosotros una sólida base de confianza. Los demás percibirán esa confianza y encontrarán en ella el apoyo necesario para abrirse a su propio poder y a su propia verdad. La gente y las cosas que nos rodean nos reflejan de muchas maneras positivas. Cuanto mayor sea el caudal de luz que entre en nosotros, más brillante será el mundo en que habitamos.

La creación del cambio

Una idea con la que me encuentro a menudo, en especial en los grupos de gente orientada hacia lo espiritual, es que todo lo que hay que hacer para cambiar el mundo es pensar en él de un modo positivo y visualizar el cambio que queremos. La visualización y la afirmación son herramientas muy poderosas. Yo las uso con frecuencia y las recomiendo como parte de este proceso (después de todo, escribí *Visualización creativa* y creo profundamente en la efectividad de las técnicas que describe). Sin embargo, hay otra parte del proceso que en general se ignora y que es muy importante.

Si el mundo funciona como un espejo, entonces todo lo que veamos en él refleja de alguna manera lo que está dentro de nosotros. Debemos hacernos responsables de él y estar dispuestos a transformarlo dentro de nosotros si queremos que cambie su exterior. Entonces, cuando miremos el mundo y veamos que en él hay pobreza, dolor, violencia y caos, debemos estar dispuestos a preguntarnos: "¿De qué manera puedo estar albergando dentro de mí la pobreza, el dolor, la violencia y el caos que el mundo refleja? Sé que el mundo es mi espejo y, de alguna manera, también mi creación. Si las cosas que veo no estuvieran dentro de mí, no podrían existir en el mundo".

Lo importante es no sentirse culpable por los problemas del mundo. Ninguno de nosotros es totalmente responsable de la vida de los demás; todos juntos creamos este mundo y todos hacemos las cosas lo mejor que podemos. Estamos aquí para aprender y debemos aprender de lo que no es perfecto en lugar de culparnos por eso. Necesitamos adoptar una actitud responsable positiva y decirnos: "Estoy dispuesto/a a aprender a confiar en mi verdad interior y a dejarme guiar por ella, sabiendo que a medida que lo haga podré liberarme del dolor y del miedo que hay dentro de mí y sanar así el dolor y el miedo del mundo".

Esa intención es muy poderosa y nos es fácil cumplirla. Para convertirla en realidad, debemos estar dispuestos a adentrarnos en las capas más profundas de nuestra conciencia y reconocer no sólo nuestros miedos personales sino también las ideas negativas en las que la humanidad ha creído durante siglos y que aún subsisten en nosotros. Para adentrarnos en esas capas necesitamos estar dispuestos a reconocer y a experimentar todos los miedos, sabiendo que la luz los irá sanando y disolviendo.

Cuando la gente me pregunta qué puede hacer para solucionar los problemas del mundo, en general les sugiero que empiecen por reconocer y afirmar la idea de que a medida que realicen su trabajo interior, el mundo se va a transformar. Les pido que miren los problemas sociales que los asustan o les molestan y que determinen qué miedo o dolor despierta en ellos y de qué manera reflejan su situación personal.

Por ejemplo, a las personas que se preocupan mucho por la violencia en el mundo, les pido que observen de qué manera la violencia ha tenido un papel importante en su vida. Les pregunto si alguien fue violento con ellos cuando eran niños, si tuvieron pensamientos y/o sentimientos violentos, de qué manera fueron violentos consigo mismos (si fueron demasiado críticos consigo mismos, etc.).

Mi experiencia me ha demostrado que muchos necesitamos ayuda, quizás a través de una psicoterapia, para poder enfrentarnos a los niveles más profundos de la sanación emocional. Algunas personas se resisten a recurrir a esa ayuda, tal vez porque la consideran un signo de locura o de enfermedad. Yo por ejemplo recurrí a diversos tipos de terapia en distintas etapas de mi vida y eso me ayudó mucho porque siempre me dejé guiar por la intuición al elegir terapeuta y al decidir cuándo dar por terminada la terapia.

Si nos conmueve la pobreza en la que vive una gran parte de la población mundial, tal vez sintamos la necesidad de hacer algo para aliviar ese dolor ajeno (por ejemplo, contribuir a una obra benéfica, desarrollar una obra en el terreno social o político). Es importante que al mismo tiempo analicemos nuestro interior para ver de qué manera creemos en, o incluso apoyamos, la pobreza en nuestra propia vida. Quizá no se trate de dinero, ya que se puede vivir en la pobreza emocional o espiritual y al mismo tiempo estar rodeado de lujos materiales. O quizá tengamos una gran armonía espiritual y emocional y al mismo tiempo creamos que el dinero es algo malo y por eso vivamos en la pobreza financiera.

La pobreza, tanto a nivel individual como a nivel mundial, se asienta en nuestra creencia colectiva en la escasez. Sentimos miedo de que no haya lo suficiente de cualquier cosa que necesitemos: alimentos, dinero, amor, energía, reconocimiento. Entonces creamos un mundo que sustente esa creencia. Hay numerosos estudios que indican que se produce en el mundo una cantidad de alimentos que alcanza perfectamente para alimentar a todos. Sin embargo, debido a nuestra creencia en la pobreza, dejamos que se derrochen los alimentos en un lugar mientras en otros lugares hay gente que se muere de hambre.

Si lo que nos preocupa son los temas que tienen que ver con el medio ambiente, hay que considerar este punto de vista. La madre naturaleza es un símbolo de nuestro aspecto femenino. La falta de respeto por la naturaleza y la falta de armonía con el medio sólo es posible en una sociedad que le falta el respeto a su propia naturaleza femenina e intuitiva. Si estamos en sintonía con nuestra guía interior, no hay forma de que estemos desequilibrados con el medio ambiente.

De la misma manera en que nuestro cuerpo es la manifestación a través de una forma física de nuestra conciencia, la Tierra es la manifestación de nuestra conciencia colectiva. Podemos decir que la Tierra es nuestro "cuerpo" colectivo. La forma en que la tratamos refleja la forma en que tratamos a nuestro cuerpo.

La falta de respeto y sintonía con nuestro cuerpo queda demostrada a nivel mundial a través de la forma en que tratamos al planeta. Creo que dejaremos de maltratar a nuestro "cuerpo-planeta" cuando aprendamos a confiar en nuestro cuerpo y a quererlo; a estar atentos a sus signos; a darle la alimentación, el descanso y la protección que necesita; a no contaminarlo con drogas y alimentos no nutritivos, ni controlarlo con nuestras ideas sobre lo que consideramos adecuado.

Debemos estar dispuestos a reconocer y a sanar cualquier forma de violencia, pobreza y desequilibrio que haya dentro de nosotros como individuos si queremos erradicar esos problemas del mundo. La sanación no sobrevendrá a nivel individual ni mundial mientras escondamos o neguemos nuestros sentimientos. Para que nuestros sentimientos, creencias y miedos puedan sanarse, primero es necesario que salgan a la luz de la conciencia. Cuando la luz penetra en la oscuridad, la oscuridad desaparece.

Sanar al mundo

La gente habla siempre de lo mal que está el mundo. Las cosas van de mal en peor en muchos sentidos y eso puede darnos miedo.

Me ayuda mucho pensar que el mundo se encuentra atravesando una gran crisis que lo llevará a sanarse, muy similar a la crisis que experimentan los individuos.

Cuando empezamos a despertarnos a la luz, también empezamos a tomar conciencia de la oscuridad en la que vivíamos. La forma de vida que teníamos y que nos parecía "normal" nos parece cada vez más demencial al mirarla desde la perspectiva de las personas sanas en las que acabamos de convertirnos. Los miedos y las distorsiones que hasta ahora habíamos negado e ignorado porque nos causaban mucho dolor se vuelven conscientes para que podamos deshacernos de ellos. Los problemas que teníamos escondidos afloran para que podamos solucionarlos.

Esto es lo que ocurre hoy a nivel mundial. Si reconocemos el caos y el dolor del mundo como manifestaciones gigantes de nuestro proceso de sanación individual, podremos ver que constituyen un paso muy positivo. En lugar de sentirnos víctimas, reconocemos al poder del universo en acción. Nos reconocemos como canales a través de los cuales se manifiesta la sanación del mundo. Es decir que, por el momento, cuanto más vivimos en la luz, más oscuridad vemos. Cuanto más aceptamos las polaridades que hay dentro de nosotros, más rápido se sana el mundo.

Acción política y social

Los que escuchan estas ideas pueden enojarse porque tal vez piensen que propongo un ensimismamiento narcisista que niegue los problemas y la necesidad de acción política y social. Al cabo de una discusión más profunda, en general (pero no siempre) logro hacerlos entender que no es así. Si propongo que nos enfrentemos interna e individualmente a la fuente original del problema se debe sólo a que considero que es la forma más práctica y efectiva de producir un cambio real. Pero eso no significa que niegue la posibilidad de llevar a cabo una acción externa a gran escala.

Lo importante para mí es la fuente y la motivación de esa acción. Siento que en general la gente actúa más de acuerdo a sus "buenas ideas" que de acuerdo al universo que lleva dentro de sí. En general, son el propio dolor, el miedo y la culpa los que generan la voluntad de "hacer algo para mejorar las cosas". Es el ego, que desde una posición de desamparo y miedo, lucha vanamente por erradicar esos sentimientos. Desafortunadamente, ese enfoque sólo perpetúa los problemas que trata de solucionar.

Las causas subyacentes de los problemas mundiales son el dolor, el miedo y la ignorancia que sentimos por haber perdido el contacto con el poder del universo. Si seguimos proyectando nuestros problemas y no reconocemos el poder interior que en realidad tenemos, creo que contribuiremos a perpetuar los mismos males que combatimos.

En cambio, si estamos dispuestos a hacernos responsables de nuestros miedos y a enfrentarlos, eliminaremos los obstáculos que nos impiden escuchar la voz del universo que está dentro de nosotros. Si esa voz nos indica que actuemos, la acción que emprendamos será poderosa y verdaderamente efectiva.

Una amiga mía, por ejemplo, participaba en forma muy activa en el movimiento por el desarme nuclear. Cuando hablaba del tema y de su trabajo, resultaba obvio que estaba aterrorizada por la posibilidad de que se desatara una guerra nuclear. En realidad es una reacción razonable, dada la demencia de la carrera armamentista. El problema es que ella no reconocía su propio terror y los sentimientos de impotencia y muerte que combatía internamente. Por eso sus acciones y sus palabras estaban cargadas de desesperación, como las de una persona que se está ahogando y se aferra en vano a cualquier cosa que pueda mantenerla a flote.

Durante los años siguientes, la vi atravesar esa fase del proceso. Creo que buscaba un nivel más profundo de confianza en el universo. Siguió adelante con su actividad antiarmamentista porque era una causa en la que creía fervorosamente y que le daba grandes satisfacciones, pero con una energía diferente. Hacía su trabajo con más poder y energía, lo que le daba un mayor grado de efectividad.

Los mismos principios son válidos en la arena social y política tanto como en cualquier otra área de nuestra vida: si hacemos lo que "debemos" y nos motivan el miedo y la culpa, por mejores que sean nuestras acciones, no serán tan efectivas como deberían ser, y tal vez estaremos creando más dificultades de las que solucionamos.

Si en cambio confiamos en nuestra intuición y nos dejamos llevar por ella (es decir, yendo adonde nos lleve la energía y haciendo lo que realmente queremos) veremos que todo lo que hagamos tendrá un efecto positivo para cambiar el mundo. Podremos reconocer la capacidad transformadora de nuestras acciones. (Muchos desarrollarán acciones sociales y políticas y lo harán porque es lo que les gusta.) La gente que nos rodea también se verá afectada por nuestra energía y vitalidad más que por nuestras palabras y acciones.

Mi guía interior me indica que la vida que llevo en la actualidad —escribir libros, conducir talleres, explorar mi creatividad y ser yo misma— es la más adecuada para producir un cambio efectivo en mi vida y en el mundo. También tengo la sensación de que algún día voy a participar activamente en política (como cuando era más joven) y quizás hasta llegue a ocupar un cargo oficial. Sé que si eso es lo que me corresponde hacer, lo voy a vivir como una aventura emocionante. Tengo curiosidad por saber lo que el universo me tiene reservado.

Los medios masivos de comunicación

Una vez mi guía interior me informó que la televisión salvaría al mundo. La idea me pareció poco creíble, dado que no soy muy aficionada a la televisión. Sin embargo, tuve que reconocer que, a pesar de que la mayoría de los programas son idiotas y sin sentido, la televisión puede constituir una herramienta maravillosa para llegar a millones de personas en forma instantánea. Creo que no es casualidad que se haya inventado en esta época y pronto habrá un aparato de televisión en todas las casas del mundo.

A pesar de que la mayor parte de la programación televisiva está en manos de personas aún comprometidas con el viejo mundo, hay algunos destellos de luz. Sólo se trata de esperar a que la conciencia del nuevo mundo comience a penetrar la programación televisiva con frecuencia.

La televisión es sin duda una herramienta muy importante. En manos del universo, puede convertirse literalmente en un "canal" y proveer una "red" capaz de alcanzar a una gran parte de la población mundial con ideas nuevas y positivas.

Una gran idea sería por ejemplo la creación de una telenovela en la que los personajes vivieran las situaciones dramáticas comunes en este género, pero en lugar de enfrentarlas con fatalismo y desesperación, aprendieran de ellas para lograr un crecimiento interior a través de los cambios de la vida. Sería algo muy entretenido, que incluiría los temas habituales (sexo y amor, nacimientos y muerte, drogas y enfermedades, casamientos y divorcios) pero con la diferencia de que los personajes usarían sus problemas de manera positiva para evolucionar en la conciencia, como estamos aprendiendo a hacerlo nosotros. Una vez que las amas de casa aprendieran esto a través de la telenovela, lo aprenderían rápidamente sus maridos y sus hijos.

Es evidente que el poder de los medios de comunicación (la radio, los diarios, las revistas y los libros, además de la televisión) ofrece una posibilidad incomparable de llegar a un gran número de personas y producir un cambio rápido y positivo una vez que nuestra conciencia esté lista.

Cinco pasos para sanarse y sanar al planeta

1. Afirmamos: *El poder del universo me sana y transforma. A medida que me sano y me transformo, el mundo entero se sana y se transforma.*

2. Prestemos atención a los temas sociales, políticos y ambientales que se tratan en nuestro medio. Vamos a prestar especial atención a los que nos despiertan una reacción emocional más intensa. Tratemos de analizar de qué manera esos temas reflejan nuestros temas personales, miedos, creencias y esquemas de conducta. Quizás al principio no encontremos ninguna relación pero tenemos que mantenernos atentos a recibir esa información a través de nuestro canal intuitivo.

3. Pidamos a la luz del universo que libere y sane toda la oscuridad de la ignorancia, el miedo y las limitaciones que hay dentro de nosotros y en el mundo. Tenemos que mantenernos abiertos a cualquier indicación que provenga de nuestro interior que nos lleve a buscar apoyo en su proceso de sanación a través de un terapeuta, de amigos, o bien de un taller o grupo.

4. Vamos a visualizar nuestra vida y el mundo como nos gustaría que fueran (ver la meditación al final del capítulo).

5. Vamos a pedir a nuestra guía interior que nos haga saber si necesitamos realizar una acción específica para lograr sanarnos y sanar al mundo. Luego seguimos confiando en nuestra intuición y dejándonos guiar por ella a sabiendas de que nos indicará hacer lo que sea necesario para el logro de nuestro objetivo.

Ideas negativas

El siguiente proceso se centra en los aspectos negativos que subyacen a cualquier situación de nuestra vida. Una vez que nos disponemos a analizar esos aspectos, podemos empezar a disiparlos y a transformarlos en afirmaciones.

Podemos hacerlo solos o con otra persona. Si estamos solos, vamos a responder las preguntas por escrito; si estamos con otra persona, respondemos en voz alta. Primero uno contesta todas las preguntas y el otro escucha y después se cambian los roles.

1. Empezamos por cerrar los ojos. Respiramos hondo y, al exhalar, relajamos el cuerpo. Respiramos hondo otra vez y, al exhalar, relajamos la mente. Respiramos hondo una vez más y, al exhalar, nos internamos en un lugar muy tranquilo y profundo de nuestro interior. Tomamos conciencia de que somos colaboradores del universo en la creación. Podemos elegir en qué creer, qué crear y qué sentir en la vida. Podemos elegir tomar conciencia de las viejas creencias y actitudes que nos limitan. Luego, podemos librarnos de ellas y adoptar nuevas creencias y actitudes que nos permitan expresar nuestro verdadero yo.

2. Vamos a pensar en un área de nuestra vida que nos interese analizar. Puede tratarse de un problema o de algo que nos esté limitando. Abrimos los ojos y nos tomamos dos minutos para describir ese área o asunto en particular que nos interesa analizar.

3. Vamos a describir los pensamientos que nos despierta. Por ejemplo: ¿Cuáles son los pro y los contra de esta situación? ¿Qué preocupaciones, miedos y programación nos suscita? ¿Qué nos pasa por la mente?

4. Cuando pensamos en esto, ¿qué sentimos? Por ejemplo: siento tristeza, enojo, entusiasmo, frustración o felicidad.

5. Cuando tomamos conciencia de lo que sentimos,

¿qué sensaciones se nos despiertan en el cuerpo? ¿Hay alguna parte del cuerpo que esté tensa? ¿Sentimos hormigueo o nerviosismo? ¿Qué sensaciones físicas se corresponden con nuestros sentimientos?

6. Vamos a describir lo peor que podría pasarnos si nuestro miedo más intenso se hiciera realidad. ¿Cuál sería ese miedo? Luego, si nuestro miedo más intenso se hiciera realidad, ¿qué sería lo peor que podría pasar después? ¿Y después? ¿Qué sería lo peor de lo peor?

Cerramos los ojos y permanecemos con nuestro miedo más intenso. Nos damos una oportunidad para experimentarlo y compartimos un mismo espacio con nuestro miedo más intenso; en lugar de huir de ese miedo, lo sentimos. ¿Tiene mucho poder sobre nosotros? ¿Es algo que hasta podría hacernos reír o realmente nos da miedo?

Ahora le pedimos ayuda al universo. Tomamos ese miedo y se lo devolvemos al universo, a nuestro yo superior. Pedimos ayuda, resolución, fuerza, sabiduría o lo que sea necesario para librarnos de él. Respiramos hondo. Al exhalar, sentimos que nos dejamos ir. Cuando estemos listos, abrimos los ojos y describimos lo que acabamos de experimentar.

7. Ahora vamos a la situación opuesta: ¿Qué sería lo mejor que podría pasarnos? ¿Qué es lo que realmente queremos? ¿Cómo sería nuestra situación ideal? Vamos a describirla exactamente como la soñamos. Después cerramos los ojos y nos relajamos. Nos imaginamos esa escena ideal, la sentimos y la vivimos como si ya fuera como la soñamos. ¿Qué sentimos? Nos la probamos como si fuera una prenda. Después la ponemos dentro de una burbuja rosada y la arrojamos al aire. Ahora soltamos la burbuja rosada que contiene nuestra escena ideal al universo. Ahora está libre para atraer lo que necesita manifestarse.

8. Cuando abrimos los ojos, nos preguntamos qué

pensamientos negativos o miedos nos impiden crear lo que queremos. ¿Cuál es nuestro pensamiento más negativo o nuestro miedo más intenso acerca de este área en particular de nuestra vida? Por ejemplo: "No puedo tener lo que quiero", "No sirvo para nada", o "Nadie me quiere". Una vez que determinamos cuáles son nuestros pensamientos negativos, los escribimos.

9. Ahora transformamos nuestros miedos en afirmaciones positivas. (Ver en el capítulo "El cuerpo perfecto" las pautas para crear afirmaciones). Vamos a repetirnos esa afirmación muchas veces hasta que sea real para nosotros.

Meditación

Nos sentamos o nos acostamos en una posición cómoda. Respiramos hondo varias veces y relajamos el cuerpo. Nos sentimos caer en un lugar tranquilo y profundo de nuestro interior. Nos sentimos en contacto con ese lugar de poder y creatividad, nuestra fuente de energía.

Desde esa fuente de energía, nos proyectamos en el futuro, seis meses, un año o más, y en esa proyección nos vemos exactamente como nos gustaría vernos en ese momento. Somos los creadores del universo y nuestra vida es tal como la diseñamos.

Empezamos por tomar nota de cómo nos sentimos espiritual y emocionalmente. Sentimos la fuerza y el poder dentro de nosotros. Confiamos en nuestra intuición y nos dejamos guiar por nuestra guía interior. Por eso los milagros se despliegan frente a nosotros.

Observamos nuestro cuerpo. ¿Cómo nos sentimos físicamente? Ahora tenemos un cuerpo hermoso, fuerte y saludable, lleno de vida y energía, como nuestro espíritu. Vamos a experimentar lo que sentimos.

¿Cómo cuidamos nuestro cuerpo? ¿Cómo nos alimentamos?

Observemos cómo nos vestimos. Nos vemos con la ropa que nos gustaría tener. La sabemos llevar muy bien. Al abrir nuestros cajones y roperos, vemos sólo la ropa que nos gustaría tener.

¿Cómo es nuestra casa? Nos vemos viviendo exactamente donde nos gustaría vivir. Hemos creado el ambiente que nos gusta. Nos vemos allí. Sentimos cómo es vivir como nos gusta. Si tenemos más de una casa, nos imaginamos en cada una de ellas.

Hemos encontrado el empleo perfecto y creativo. Recibimos mucho dinero por hacer lo que queremos. Nos vemos expresándonos de un modo que nos dé alegría.

Después, miramos a las personas que forman parte de nuestra vida. Ahora tenemos relaciones que están vivas y son apasionadas y creativas. La gente nos quiere y nos protege. Si tenemos una o más parejas, sentimos la alegría que eso nos da.

Desde ese lugar de creatividad y alegría miramos al mundo. Imaginamos el mundo como espejo de la transformación que se ha producido dentro de nosotros. Sentimos que el planeta se va sanando. Imaginamos que el mundo se ha transformado en el mundo que soñamos.

Cuando hayamos hecho esto, afirmamos: *"Esto o algo mejor se manifiesta para el mayor beneficio de todos"*.

24

UNA VISION

Desde la ventana de mi departamento miro a través de la bahía de San Francisco y veo la hermosa ciudad de San Francisco. La luz que ilumina el agua y el horizonte cambia todo el tiempo. A veces está nublado y hay neblina, a veces brilla el sol, pero siempre conserva un aspecto místico. Tal vez esa vista haya inspirado la visión que tengo a menudo:

Veo una vieja ciudad, gris y ruinosa. Se va desintegrando y las viejas estructuras se desploman sobre los escombros. Pero algo la empuja y la saca del cuadro, pues en su lugar surge una ciudad nueva y hermosa. Esa nueva ciudad es mágica; parece brillar con delicadeza en todos los tonos del universo. Sé que se construye dentro de nosotros. Y que está hecha de luz.

Esta edición
se terminó de imprimir en los
talleres de Imprenta de los Buenos Ayres
Carlos Berg 3445, Buenos Aires
en el mes de marzo de 1993.